Gestão pública:
democracia e eficiência

Ricardo de Oliveira

Gestão pública: democracia e eficiência

Uma visão prática e política

Copyright © 2012 Ricardo de Oliveira

Direitos desta edição reservados à
EDITORA FGV
Rua Jornalista Orlando Dantas, 37
22231-010 | Rio de Janeiro, RJ | Brasil
Tels.: 0800-021-7777 | 21-3799-4427
Fax: 21-3799-4430
editora@fgv.br | pedidoseditora@fgv.br
www.fgv.br/editora

Impresso no Brasil | Printed in Brazil

Todos os direitos reservados. A reprodução não autorizada desta publicação, no todo ou em parte, constitui violação do copyright (Lei nº 9.610/98).

Os conceitos emitidos neste livro são de inteira responsabilidade do autor.

1ª edição — 2012; 1ª reimpressão — 2014.

Preparação de originais: Elisa Nogueira
Diagramação: Ilustrarte Design e Produção Editorial
Revisão: Frederico Hartje | Sandro Gomes dos Santos
Capa: Agência Contemporânea

Ficha catalográfica elaborada pela
Biblioteca Mario Henrique Simonsen

Oliveira, Ricardo de
   Gestão pública: democracia e eficiência: uma visão prática e política / Ricardo de Oliveira — Rio de Janeiro: Editora FGV, 2012.
   128 p.

   Inclui bibliografia.
   ISBN: 978-85-225-1138-9

   1. Administração pública — Brasil. 2. Políticas públicas — Brasil. 3. Reforma administrativa — Brasil I. Fundação Getulio Vargas. II. Título

CDD — 353

SUMÁRIO

Prefácio	9
Luiz Carlos Bresser-Pereira	
Apresentação	15
Francisco Gaetani	
Agradecimentos	21
Introdução	25

1.	Importância do tema	29
2.	Estrutura de Estado	32
3.	Legitimidade	34
4.	Melhoria contínua: compromisso dos governos, demanda da sociedade	36
5.	Evolução histórica do papel do Estado	39
6.	Reforma da gestão pública	43
7.	Organização e interlocução com a sociedade	47
8.	Ambiente político da administração pública	51
9.	Controle das políticas públicas	53
10.	Diversidade e complexidade da gestão pública	56
11.	Revisão do marco regulatório	58
12.	Políticas públicas de gestão	60
13.	O debate sobre as políticas públicas de gestão	66
14.	Planejamento das políticas de gestão	69

15. Profissionalização — 73
16. Gestão por resultados — 76
17. Parcerias com o terceiro setor — 79
18. Eficiência — 84
19. Gestão do gasto público — 87
20. Empreendedorismo e inovação — 92
21. Atendimento da população — 96
22. Governo eletrônico — 101
23. Critérios de excelência — 107
24. O processo de mudança — 114

Conclusão — 119
Bibliografia — 123

A Begonha, Felipe e Gustavo

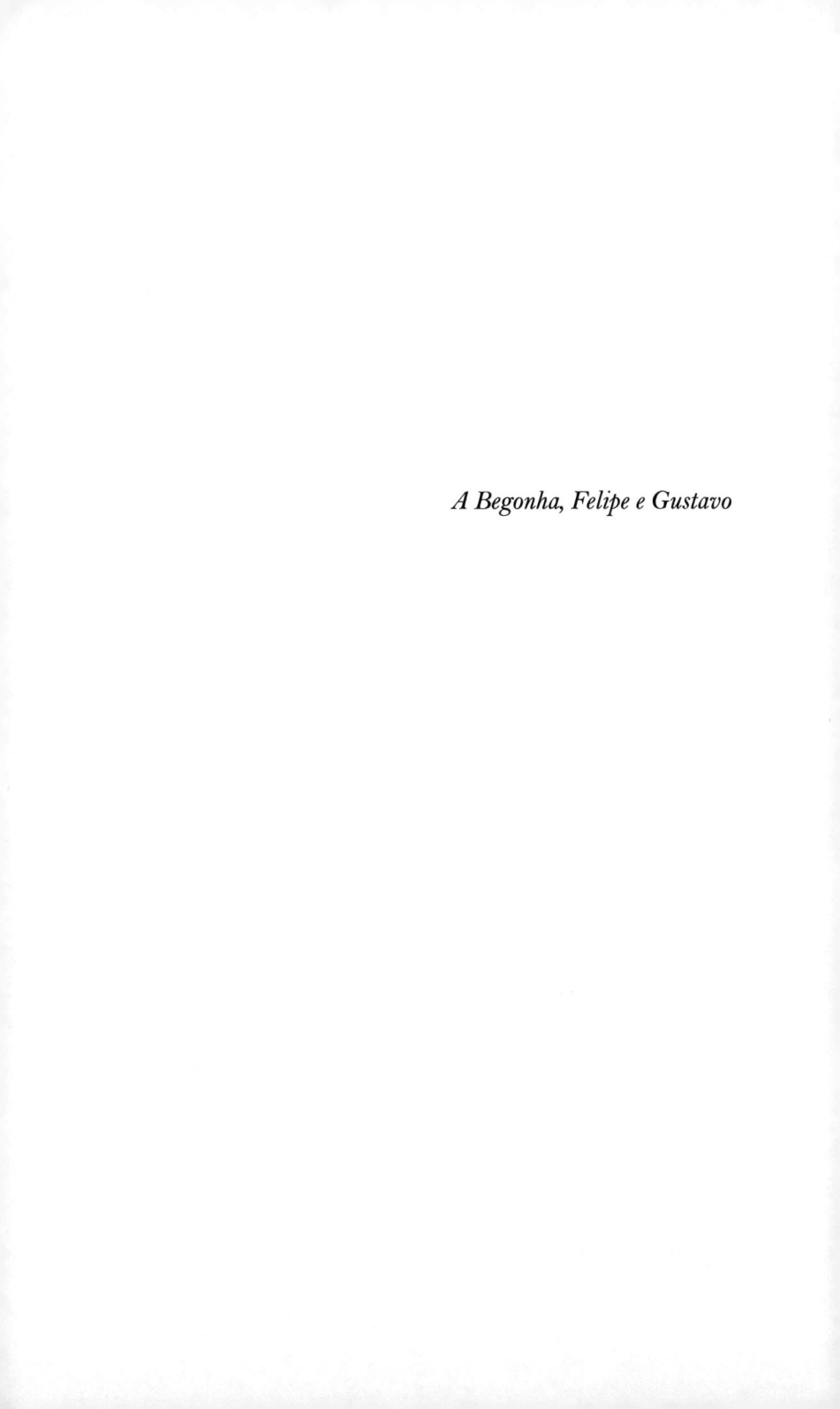

PREFÁCIO

*Luiz Carlos Bresser-Pereira**

Podemos explicar o grande número de jovens que se apresenta nos concursos públicos lembrando que a partir de 1997 os processos seletivos se tornaram anuais para todas as carreiras de Estado e os salários oferecidos melhoraram substancialmente. Porém, há um fato mais geral: a carreira pública é uma oportunidade para jovens trabalharem diretamente a serviço de seu país ou do interesse público. E esse é um aspecto que nunca devemos subestimar. Não obstante o individualismo feroz pregado durante os 30 Anos Neoliberais do Capitalismo (1979-2008), continuam a existir homens e mulheres dotados de espírito republicano, capazes de combinar seus interesses pessoais legítimos com aqueles do país. Nos anos em que participei do serviço público federal como ministro conheci de perto vários desses servidores, entre os quais o autor deste livro, Ricardo de Oliveira.

Conheço-o desde 1995, quando ele era diretor do Instituto Nacional de Metrologia, Qualidade e Tecnologia (Inmetro), e eu dirigia o Ministério da Administração e Reforma do Estado (Mare).

---

* Professor titular da Fundação Getulio Vargas de São Paulo (FGV-SP). Entre diversos cargos, foi ministro da Ciência e Tecnologia (de janeiro a julho de 1999), da Administração Federal e da Reforma do Estado (1995-1998) e da Fazenda (de abril a dezembro de 1987).

Embora não trabalhássemos juntos, Ricardo foi um de meus principais colaboradores na grande reforma administrativa que começava no Estado brasileiro. Sempre muito próximo de Ângela Santana, secretária da Reforma do Estado durante minha gestão, ele foi um entusiasta desse processo e se empenhou em especial na definição e na implantação das agências executivas. Não fomos inteiramente bem-sucedidos nessa luta devido à resistência dos ministérios econômicos, que se recusavam a dar autonomia adicional às organizações públicas qualificadas como agências executivas, mas a reforma administrativa como um todo foi um grande sucesso porque conquistou os corações e as mentes da alta administração pública brasileira. Depois, encontrei-o em seu estado natal, o Espírito Santo, como secretário de Gestão e Recursos Humanos no belo governo de Paulo Hartung. Ele estava, então, dedicado a estender os princípios da reforma gerencial de 1995 para aquele estado.

Neste livro, Ricardo de Oliveira apresenta sua grande visão da administração pública. Ele amavelmente utiliza meu conceito de Estado — o sistema constitucional-legal e a administração pública que o garante — para, em seguida, aprofundar-se no estudo do aparelho do Estado ou da administração pública. Em vez de cair no equívoco comum de opor o serviço público à política, ele compreende que tanto os servidores públicos quanto os políticos eleitos são oficiais do Estado que exercem um papel político maior nas sociedades modernas: governar, administrar o Estado, redefinir ou reafirmar os valores ou objetivos constitucionais, reformar a lei e as políticas públicas e executá-las. Entende, ainda, que o Estado é o instrumento político por excelência da nação ou da sociedade civil, e por meio dele as sociedades modernas buscam os grandes objetivos que definiram historicamente para si: segurança, liberdade, bem-estar, igualdade e proteção do ambiente.

O autor salienta que, por meio de uma administração pública moderna, o Estado e seu governo ganham a legitimidade política necessária para contribuir para tais objetivos. De fato, todos estes implicam a existência de serviços públicos, caros e complexos, que precisam ser eficientes — ter boa qualidade e baixo custo — para que possam ser legitimados. Esses serviços são uma forma de consumo coletivo. Constituem uma demanda dos pobres ou dos trabalhadores, mas são sempre desafiados pelos ricos ou pelos conservadores, que podem custear seu próprio consumo individual e não desejam pagar os impostos necessários para financiá-los. A justificativa é que "não querem colocar dinheiro bom em cima de dinheiro ruim".

Não obstante, durante os 30 Anos Neoliberais do Capitalismo eles não conseguiram eliminar, nem sequer reduzir, o Estado social, pois o consumo coletivo, além de mais justo, é mais eficiente ou barato do que o individual, e reformas gerenciais estão tornando esses serviços ainda mais eficientes.

Ricardo de Oliveira não fala em "reforma gerencial", mas em "reforma da gestão pública". Para mim, são expressões sinônimas: seu objetivo é tornar o Estado mais capaz e mais eficiente. A administração pública gerencial é um passo adiante em relação à administração pública burocrática, assim como esta foi um passo adiante se comparada à administração pública patrimonialista. O Brasil ainda não pode ser considerado desenvolvido, mas é um país de renda média, que já realizou sua revolução capitalista; portanto, conta com um Estado razoavelmente bem-estruturado e capaz de se defender. Em Brasília e nos estados mais desenvolvidos do país não existe o Estado "cartorial" — um grande cartório de empregos para os agregados das famílias ricas. O problema "interno" (inerente à administração pública) fundamental que a gestão ou gerência pública enfrenta hoje não é o patrimonialismo ou o clientelismo, mas o burocratismo: o excesso de regulamentos e de controles procedimentais.

Esta obra faz uma distinção interessante entre políticas públicas "finalísticas" (de educação, de saúde, de segurança etc.) e políticas públicas "de gestão", entendendo estas como o que denomino "estratégia administrativa". As formas de administração pública burocrática e gerencial são, assim, duas políticas públicas de gestão ou duas estratégias administrativas alternativas. Mas isso não significa que a gerência pública ignore os avanços da administração burocrática. O profissionalismo e os princípios clássicos da administração pública (legalidade, impessoalidade, moralidade, publicidade) continuam a valer, mas a eles se acrescenta o princípio da eficiência, tornando a recompensa pelo mérito ou pelos resultados alcançados algo muito mais concreto.

Além disso, a gestão pública sublinha que para alcançar eficiência nos serviços públicos há duas condições essenciais que se distinguem da mera "execução burocrática da lei": o planejamento estratégico e a decisão. Com o primeiro, os gestores públicos definem objetivos, detalham indicadores de desempenho, identificam os adversários ou as eventualidades que poderão se antepor aos objetivos e determinam os meios mais adequados para alcançá-los. Para transformar esse planejamento estratégico em realidade, eles tomam decisões e usam um razoável grau de discricionariedade, sabendo que nada garante que esses objetivos serão alcançados — porque, afinal, administrar é fazer escolhas em condição de incerteza. São necessárias razoável autonomia, competência e coragem para tomar decisões voltadas para o interesse público, cujos resultados, porém, raramente podem ser avaliados com segurança.

Naturalmente, a administração pública enfrenta o problema "externo" da corrupção, que existe também nos países ricos e não deve ser confundido com o clientelismo. Sempre houve, e provavelmente continuará a existir por muito tempo, a ameaça representada por indivíduos poderosos que tentam capturar o Estado, que buscam se apropriar privadamente da coisa pública. Entretanto, para enfrentar esse inimigo, para limitar a corrupção, é inútil amontoar controles burocráticos, porque o método se mostra mais caro do que a corrupção que evita. É preciso, isto sim, punir com mais determinação a violência ao patrimônio público. É necessário, por exemplo, considerar crime a formação de cartel nas concorrências públicas. A administração gerencial não amontoa controles burocráticos porque rejeita o pressuposto neoliberal de que todos os oficiais públicos são bandidos em potencial. Deposita confiança neles e, portanto, lhes dá mais autonomia decisória. Porém, em contrapartida, torna-os mais responsabilizados. Além de considerá-los responsáveis pelos resultados a serem alcançados, supõe que estão comprometidos com a defesa do patrimônio público. Por isso, se não obtiverem os resultados contratados, deverão ser dispensados do cargo de chefia; se participarem de atos de captura do patrimônio público, além de demitidos, devem ser punidos penalmente. Se pensarmos duas vezes sobre a prática da administração pública burocrática de multiplicar controles sobre os administradores públicos, veremos que esse excesso de normas funciona como um substituto da punição, na medida em que, tacitamente, supõe-se que a punição não acontecerá. Felizmente o compromisso com a impunidade, que é próprio das sociedades marcadas por diferenças de classe muito grandes, está aos poucos desaparecendo no Brasil. As elites brasileiras começam a admitir que seus membros possam ser efetivamente punidos. Abre-se, assim, espaço para uma administração pública mais racional e condizente com a afirmação dos direitos republicanos dos brasileiros — direito que cada cidadão tem de que o patrimônio público seja utilizado para fins públicos. Ao tornar os servidores públicos mais autônomos, a gerência pública permite que o aparelho do Estado seja mais eficiente, que alcance resultados com menor custo. Ao responsabilizá-los, não assegura o fim da corrupção, mas sinaliza que o tempo da impunidade está desaparecendo.

A administração pública burocrática caracterizou os Estados liberais e autoritários do século XIX; já a administração pública gerencial é a estratégia necessária para o grande Estado social e democrático do presente. O Estado democrático liberal de que nos falam os neoliberais é uma contradição. Quando há democracia, os trabalhadores e os pobres têm algum poder — e demandam melhores condições de vida. Estas, por sua vez, podem ser garantidas com mais segurança e menor custo se a sociedade contar com serviços de educação, saúde, assistência e previdência social de caráter público e universal. A democracia tende, assim, a se tornar social, provendo grandes serviços sociais e científicos com eficiência e boa qualidade. A administração pública burocrática não assegura esse resultado.

A administração é um desafio que se renova todos os dias, mas uma gestão pública moderna em um país, como discutida neste livro, facilita muito essa grande tarefa de fortalecer o Estado, de torná-lo capaz de desempenhar a contento as principais tarefas que as sociedades democráticas lhe atribuem.

APRESENTAÇÃO

A voz do *practitioner**

*Francisco Gaetani***

Esta obra é uma importante contribuição aos interessados no debate dos caminhos para a modernização do Estado brasileiro. Pode também ser lida como um legado, o balanço do aprendizado de uma vida, de um empreendedor de políticas públicas. A trajetória pessoal de Ricardo de Oliveira revela seu perfil inovador e seu contínuo comprometimento em promover transformações na administração pública, independentemente da instância de governo. Funcionário público polivalente, o autor transitou com reconhecido sucesso pelas áreas de gestão, inovação, planejamento e tecnologia da informação.

---

* O termo *practitioner*, em inglês, designa profissionais de uma área de atuação que não se confundem, por exemplo, com acadêmicos ou empresários. Numa tradução literal, poderiam ser referidos como "práticos", embora a palavra tenha outra conotação em português, geralmente utilizada no contexto de atividades portadoras de conteúdo técnico-aplicado — um ambiente diferente da administração pública federal.

** Funcionário público federal, integrante da carreira de especialista em políticas públicas e gestão governamental, PhD pelo Departamento de Governo da London School of Economics and Political Science, professor da Pontifícia Universidade Católica de Minas Gerais (PUC Minas), da Escola Nacional de Administração Pública (Enap) e do Instituto Rio Branco (IRB). Ocupa atualmente a função de secretário executivo do Ministério do Meio Ambiente, após ter sido secretário de Gestão e secretário executivo adjunto no Ministério do Planejamento, Orçamento e Gestão no segundo mandato do governo Lula.

Não se trata de um manual acadêmico, tampouco de um receituário com pretensões genéricas. O livro traduz um esforço de sistematização de conceitos, valores e conclusões aos quais o autor chegou após transitar pelos governos federal, estadual e municipal. A linguagem é direta, clara e fluida, como se o autor dialogasse com o leitor, expondo seu ponto de vista sobre os assuntos que aborda.

As ideias aqui expostas não são isentas de controvérsias — nem poderiam ser em uma área em que o país avança a passos mais lentos do que suas necessidades. Nem sempre é possível discernir conceitos, diagnósticos, proposições e opiniões, mas esse é um dos fatores que torna o livro instigante. O texto interpela o leitor.

A decisão de escrever este livro — fortemente autoral, no sentido de refletir experiências pessoais de três décadas dedicadas ao interesse público — traduz uma ansiedade por compartilhar visões de mundo, inquietações intelectuais e aspirações. É uma contribuição a todos que, de uma forma ou de outra, trabalham para que o país avance na tarefa inacabada de construir um Estado republicano e democrático, orientado para a preservação do interesse público.

A conjuntura internacional tem sido marcada por sucessivas crises e incertezas, enquanto o Brasil vive um momento caracterizado por múltiplas transformações — redução das desigualdades sociais, ascensão de novas classes médias, índices de empregabilidade inéditos e projeção do país como potência ambiental emergente, entre outras. Novos desafios, como a internalização da busca institucionalizada por eficiência na administração pública e a aceleração do processo de inclusão social, somam-se a antigos enfrentamentos, como a contínua e necessária (re)configuração de um Estado robusto e articulador, que funcione como alavanca para um projeto nacional de desenvolvimento. Às voltas com acertos de contas referentes aos séculos XIX (o combate ao nepotismo e à corrupção) e XX (a consolidação do Estado de bem-estar social e o desenvolvimento de capacidades de governar), o Brasil precisa, ao mesmo tempo, lidar com as novidades do século XXI, entre elas a aceleração da revolução tecnológica e o surgimento de novas estruturas globais de governança.

"O futuro não é o que era", disse certa vez o ex-presidente uruguaio Julio María Sanguinetti Coirolo. Os cenários para o Brasil hoje guardam pouca semelhança com aqueles antecipados anos atrás, quando o imediatismo encurtava dramaticamente as reflexões sobre o amanhã. O horizonte se descortinou mostrando um país melhor, potencialmente mobilizador de energia social e reconhecido como ator global estratégico no tabuleiro mundial.

Quanto mais rapidamente o país reestruturar sua administração pública em sintonia com seus novos papéis, maiores serão as possibilidades de que seja ouvido e faça diferença na arena mundial. Inclusão social, competitividade internacional, capacidade empreendedora, políticas efetivas, federalismo cooperativo, inovações contínuas e transparência são algumas das áreas em que o custo de oportunidade da inação ou a lentidão custam caro ao desenvolvimento do país.

A busca pela modernização da gestão pública nacional não é substituta para os dilemas da esfera da política nem para a demanda por mais e melhores políticas públicas. Mas se trata de um vetor que pode incidir de forma positiva sobre ambas as áreas, bem como nas do direito administrativo e dos sistemas estruturantes da administração pública federal.

Em um regime democrático, a reforma do Estado revela-se uma tarefa para gerações, não o resultado de um *big bang*, como se tentou durante os governos autoritários de Vargas e dos militares. Os últimos 25 anos têm sido caracterizados por contínuos avanços na modernização da administração pública federal. Há uma crescente conscientização da sociedade no sentido de que os recursos públicos precisam ser aplicados de forma transparente e pactuada politicamente segundo as regras do sistema democrático.

As inovações na gestão pública, nos três níveis de governo, multiplicam-se em diversos campos — parcerias entre os setores público e privado, formas de pactuar, processos alocativos vinculados à consecução de resultados, publicização dos atos da administração pública, realização de compras de forma tempestiva e econômica, introdução de mecanismos de remuneração variável conforme o desempenho, entre outros.

A agenda de reforma do Estado segue como prioridade nacional, tanto da administração pública federal quanto dos governos estaduais e municipais. A criação da Câmara de Gestão, Desempenho e Competitividade, com a participação de lideranças governamentais e empresariais, sinaliza duas novidades importantes. A primeira é a crença nas possibilidades de o setor público se beneficiar ao interagir com o privado, tradicional lócus de criatividade, inovação e empreendedorismo no mundo da produção da riqueza. A segunda é o entendimento de que modernização da gestão, melhoria do desempenho das organizações públicas e aumento da competitividade do país são processos entrelaçados.

Na esfera dos governos estaduais, a consolidação do Conselho Nacional de Secretários de Administração (incluindo as unidades em que, a exemplo do governo federal, planejamento e administração situam-se na mesma pasta) é uma expressão da compreensão de que os estados precisam e podem buscar sinergias, compartilhamento de boas práticas, *benchmarking* e externalidades. No âmbito local, a proliferação de consórcios intermunicipais, assim como a revitalização do associativismo municipal, indica que cada vez mais prefeituras e câmaras de vereadores buscam formas coletivas de solucionar os problemas de seus municípios.

O livro de Ricardo de Oliveira privilegia também duas importantes temáticas: o foco nos resultados e a permanente tentativa de otimização dos gastos. Ambas são inerentes à gestão pública, perpassando o conjunto das demais políticas de governo — serviço público, modelagem organizacional, planejamento governamental, orçamento público, auditoria e controle, compras públicas, regulação e serviços prestados ao cidadão.

A busca por governos eficientes, que produzam resultados concretos de forma contínua, é um desafio permanente em todos os países e esferas de governo, para além das dimensões político-partidárias. No processo democrático, eleições tendem, cada vez mais, a privilegiar governantes capazes de fazer mais pelo seu povo. Dessa forma, ainda que tardiamente, a sociedade brasileira compreende que as preocupações com a modernização do Estado e com a melhoria do desempenho das instituições públicas não são monopólio de projetos nacionais autoritários, mas desafios inerentes ao processo de construção de democracias republicanas.

Todos aqueles sensíveis a esse debate e engajados nesse esforço se beneficiarão com a leitura desta obra.

AGRADECIMENTOS

Este livro registra uma experiência profissional de muitos anos e é caudatário da colaboração de muitas pessoas com quem interagi durante esse período. A partir de 1995, com a criação do Ministério da Administração e Reforma do Estado (Mare), o número de interlocutores se ampliou no âmbito do governo federal, o que para mim foi muito produtivo. A lista é extensa e não há espaço suficiente para identificá-los, mas espero que todos se sintam parte desta obra.

Agradeço, também, aos vários órgãos públicos nos quais trabalhei como executivo: Serpro, Dataprev, Inmetro, governo do estado do Espírito Santo e, atualmente, a prefeitura da cidade do Rio de Janeiro, por me proporcionarem um aprendizado prático da organização e do funcionamento da administração pública.

Aos diversos interlocutores nos órgãos de controle externo (tribunais de contas) e interno (auditorias) e procuradorias, com os quais mantive um longo debate sobre a melhor forma de prestação de contas na administração pública, defendendo a tese de que a ênfase do controle deve estar nos resultados alcançados e não apenas na formalidade dos processos, meus agradecimentos. O debate propiciou um aprofundamento de meus conhecimentos acerca do direito administrativo.

Foi particularmente importante participar do governo Paulo Hartung, no estado do Espírito Santo, entre janeiro de 2005 e março de 2010, a quem agradeço a confiança e a oportunidade de pôr em prática muitos dos conceitos expostos neste livro. Para minha satisfação, algumas de nossas experiências serviram de referência a outros governos. A análise histórica das mudanças implementadas na administração pública do Espírito Santo no período merece um livro dedicado exclusivamente ao tema. Essa experiência demonstrou que as práticas na administração pública podem ser diferentes, melhores, e que nós, brasileiros, não estamos condenados a maus governos, como pensam os pessimistas.

Como secretário de Gestão e Recursos Humanos no Espírito Santo pude conhecer, no contato com prefeituras e órgãos do estado, numerosos servidores engajados no processo de modernização da administração pública, que contribuíram para meu aprendizado sobre o tema.

A convivência, durante cinco anos, com secretários estaduais de todo o país, no Conselho Nacional dos Secretários de Administração (Consad), no qual ocupei o cargo de vice-presidente, foi de grande valia na construção de uma visão nacional acerca da realidade da gestão pública. Por meio dos esforços dos governos estaduais para modernizá-la, constatei como o tema se "alastrou" pelo país, o que me levou a propor ao Consad a criação de um Congresso Nacional de Gestão Pública. Atualmente, o congresso se transformou em uma referência no debate nacional, devido ao esforço de muitos colaboradores, na academia e fora dela, que entendem a importância da boa gestão pública para o desenvolvimento do país.

Um dos mais produtivos encontros profissionais foi com Julio Bueno, que se tornou também um grande amigo. Ele tem uma característica importantíssima para um gestor: sabe motivar as pessoas com quem trabalha; assim, fui agraciado com seus estímulos. Juntos, editamos no Brasil, em parceria com a Escola Nacional de Administração Pública (Enap), o livro *Criando valor público: gestão estratégica no governo*, de Mark Moore — referência mundial sobre o tema.

Agradeço ao professor Bresser-Pereira o prefácio. Sua produção intelectual é uma importante influência em minha trajetória profissional.

Sou muito grato às palavras de Francisco Gaetani na apresentação do livro e às de Humberto Falcão Martins no texto de orelha. A convivência com ambos sempre me propiciou oportunidades de aprendizado sobre a gestão pública.

Tive a sorte de contar com a colaboração do amigo Eugênio Neiva, o Zeka, que fez a revisão inicial do texto e ofereceu numerosas sugestões que resultaram em melhorias. Zeka não foi apenas um revisor; foi, na verdade, um debatedor dos assuntos tratados neste livro.

Aos amigos Frederico Novaes, Guilherme Reis (*in memoriam*), Luiz Kaufman, Luiz Paulo Vellozo Lucas e Cezar Vasquez, pelos diversos debates políticos, desde o movimento estudantil na universidade, que auxiliaram em minhas reflexões sobre a administração pública numa perspectiva democrática.

Por fim, agradeço à minha família a compreensão — mesmo com algumas reclamações pertinentes — em relação ao tempo que dediquei à administração pública, subtraído da convivência com eles.

Um agradecimento especial a Begonha Bediaga, pelas prazerosas décadas de convívio, influenciando meu interesse nas ciências sociais, algo fundamental no entendimento de uma abordagem ampliada da gestão pública.

A todos, muito obrigado!

INTRODUÇÃO

O Estado é o principal instrumento de que a sociedade dispõe para promover a igualdade de oportunidades entre os cidadãos. Seu funcionamento adequado, portanto, é de vital importância para a população, principalmente para os mais pobres, aqueles que mais precisam dos serviços públicos para melhorar suas condições de vida. Os resultados obtidos pelo Estado no desempenho de suas funções reforçam sua legitimidade perante a população, pois isso significa garantir o exercício dos direitos de cidadania, como saúde, educação e tantos outros.

Para a realização dessa função social, a sociedade destina um volume fabuloso de recursos para o Estado (financeiros e patrimoniais) e deve controlar sua utilização, de forma a evitar que seja capturado por interesses privados ou desperdiçado por má gestão. Assim, pela importância do setor público para a qualidade de vida da população e pelos vultosos recursos por ele administrados, a qualidade de sua gestão se torna um fator decisivo para a sociedade.

A administração pública, porém, é alvo de fortes críticas por não conseguir atender as demandas da sociedade por mais e melhores serviços — má qualidade, ineficiência, desperdício e desvio de recursos públicos, baixo comprometimento com resultados e falta de transparência nos atos de gestão são apenas alguns pontos de um diagnóstico que desafia a sociedade e o próprio Estado a reformarem a gestão pública.

Essa decisão precisa ser pensada como parte da agenda de reformas democráticas que o país necessita realizar, em função de sua relevância na promoção da igualdade de oportunidades para a sociedade brasileira. Ou seja, a construção de uma burocracia de Estado competente e eficiente é um fator de consolidação da democracia no Brasil. Entretanto, o alinhamento das políticas e dos interesses públicos requer o apoio da sociedade e um modelo de gestão que leve em conta as peculiaridades do setor público e das práticas sociais na relação entre o Estado e a população.

O debate sobre os conceitos que podem aprimorar o modelo de gestão da administração pública se encaminha para um consenso em relação aos seguintes temas: avançar na profissionalização com base no mérito e na inovação, aprimorar o controle social e a transparência, implantar a gestão por resultados, ampliar a parceria com organizações da sociedade civil, aumentar a eficiência, rever o marco regulatório administrativo e ampliar a descentralização da União em direção aos estados e municípios, e dos estados em direção aos municípios. Porém, também interessa à sociedade algo mais amplo: ter uma administração pública disciplinada pelo poder político, profissional e capaz de ajudar os governos eleitos a formular e implementar políticas públicas eficientes, eficazes e efetivas, inspiradas nos programas escolhidos pela maioria dos eleitores. Por exercer esse papel, a administração pública é um bem público.

O fortalecimento dos princípios republicanos na gestão pública — na essência, separar os interesses públicos e privados — significa, para Bresser-Pereira, garantir o direito da população a um governo bom e eficiente. A boa gestão pública é uma combinação de técnica e política, como nos ensinou o ex-ministro chileno Carlos Matus em sua obra *Adeus, senhor presidente* (1989). Para aplicar tais princípios, contudo, é preciso ter o apoio político da sociedade e a competência técnica para conduzir a administração pública. Porém, como há uma disputa na sociedade em relação a como organizar a administração pública e ao direcionamento das políticas públicas, é necessário que as lideranças sejam capazes de construir uma força hegemônica que privilegie o interesse público em detrimento do privado, consubstanciado nesse caso pela implantação dos princípios republicanos na gestão pública.

Este livro aborda praticamente todos esses aspectos e foi elaborado com o intuito de registrar uma longa experiência em organização e gerenciamento no setor público. A obra preenche também uma lacuna que sempre observei na gestão pública: a falta de registros desse tipo e a pouca produção acadêmica na área. Para aqueles que militam no setor público, principalmente os iniciantes, o acesso a informações organizadas pode ser de grande ajuda em seu processo de aquisição de conhecimentos para orientar sua prática profissional.

A intenção, aqui, é difundir essas informações, contribuir para o debate e colaborar com a formulação de políticas públicas de gestão, como forma de melhorar a qualidade da prestação de serviços públicos à população.

Na conclusão, é apresentada uma síntese dos assuntos abordados. As indicações bibliográficas têm o objetivo de facilitar o acesso a livros importantes para o aprofundamento do tema.

Boa leitura.

1.

Importância do tema

O Estado tem um papel fundamental na evolução da sociedade. Saúde, educação, segurança, previdência, desenvolvimento econômico, justiça, cultura, combate às desigualdades, redução da pobreza e cuidados com o meio ambiente são apenas algumas das inúmeras áreas em que a sociedade demanda a presença do Estado. Segundo Bresser-Pereira (2009), "de qualquer ângulo, o Estado é a mais importante instituição existente em uma sociedade organizada politicamente na forma de sociedade civil. É o instrumento de ação coletiva por excelência da sociedade civil ou da nação".

Contudo, nem sempre o Estado prestou tantos serviços à população. No século XIX, sua forma liberal se limitava, basicamente, a garantir os contratos, a propriedade privada e a segurança dos cidadãos. À medida que a sociedade reivindicou que o Estado assumisse outros papéis, principalmente na área social, os serviços se tornaram cada vez mais complexos e exigiram uma permanente evolução da capacidade de gestão. Na literatura, esse tipo é caracterizado como Estado Social.

Entendido como o sistema constitucional-legal e a administração pública que o garante (Bresser-Pereira, 2009), o Estado tem atualmente um papel relevante na promoção do desenvolvimento econômico e social dos países, pautado pela escolha de políticas públicas adequadas. Para cumprir esse papel, a administração pública formula e implementa políticas cuja qualidade é essencial à melhoria das condições de vida da população. Essas, entretanto, são dependentes das conjunturas. Cabe, portanto, à administração pública, e particularmente aos governos, detectar e entender as mudanças em curso na sociedade, para formular políticas que a ajudem em sua trajetória de desenvolvimento.

Na sociedade, desenrola-se um debate permanente a respeito da qualidade, da equidade e da eficiência dos serviços públicos prestados à população. Sua necessidade é indiscutível. Não podemos imaginar o funcionamento da sociedade sem a administração pública. Milhões de crianças são atendidas diariamente nas escolas, outros tantos cidadãos são recebidos nos hospitais, milhares de indivíduos são detidos pelas polícias por infringir a lei, incontáveis processos são analisados diariamente pelo Poder Judiciário. Enfim, são milhões de pessoas a utilizar continuamente a enorme estrutura pública. Temos ainda inúmeras empresas cuja competitividade depende da qualidade da intervenção do Estado na economia.

Por tudo isso, podemos imaginar o enorme benefício que pode ser proporcionado por uma gestão pública de elevado padrão de qualidade. É também nessa relação de atendimento das demandas dos cidadãos que são exercidos os direitos de cidadania e é constituída a imagem pública do governo, como reflexo da opinião formada sobre a qualidade dos serviços prestados e sobre a sua capacidade de gerir a administração pública.

No caso do Brasil, a Constituição define que saúde e educação são direitos de todos e dever do Estado. Mas como exercer esses direitos sem uma estrutura pública que garanta sua implementação? E com que qualidade serão exercidos sem uma gestão pública competente? A sociedade brasileira transfere para o Estado, via impostos, uma soma de recursos que beira 40% do PIB — uma despesa altamente expressiva, particularmente para os mais pobres e as pequenas empresas.

Ora, se o Estado tem papel fundamental no funcionamento da sociedade e na prestação de serviços públicos, principalmente para os mais pobres; se extrai dela tal volume de recursos e ainda administra um enorme patrimônio, é de suma importância que seja administrado da melhor forma possível, para gerar os benefícios que dele se espera. A qualidade de sua gestão e a efetividade dos resultados são, portanto, fatores decisivos para a promoção do desenvolvimento social e econômico da sociedade, além de um compromisso com as futuras gerações.

2.

Estrutura de Estado

A administração pública é uma estrutura do Estado, não dos governos. Ela cumpre um importante papel para a sociedade, ao servir de base para a realização dos programas dos governos eleitos. Os mandatos se sucedem, em função do processo democrático de disputa pelo poder, mas a estrutura administrativa é permanente. O desenvolvimento da competência dessa estrutura, por conseguinte, deve ser assumido pelos governos como uma questão central de seus programas de ação, pois isso significa desenvolver a capacidade de prestação de serviços públicos à população. A falta de uma política voltada para seu desenvolvimento institucional favorece a ineficiência, o desperdício de recursos, o clientelismo, o corporativismo e até o desvio de recursos públicos de suas finalidades.

Isso significa que uma administração pública que não se moderniza não consegue ser um efetivo instrumento para o desenvolvimento econômico e social. É mandatório, então, que os governos tenham como meta entregar à sociedade, ao final de seus mandatos, uma administração pública melhor, mais organizada e mais comprometida com resultados para a população do que a que receberam no início de seus mandatos. Ou seja, é preciso que a melhoria da qualidade da administração pública seja meta dos governos.

Os governos, em geral, têm preocupação com a melhoria da gestão pública para realizar seus programas de ação. Poucos, entretanto, incorporam, em seu discurso e sua prática, compromissos com a evolução permanente da estrutura administrativa do Estado. Juscelino Kubitschek, para conduzir seu programa de governo — que batizou de "50 anos em 5" —, criou vários grupos paralelos à estrutura tradicional da administração pública. Extintos os tais grupos ao final do mandato, a administração pública permaneceu como antes. Este é um padrão recorrente: foco no curto prazo e falta de compromisso com a evolução da gestão pública.

Assim, a qualidade dos governos — como defende, por exemplo, John Galbraith em *A sociedade justa* — é fundamental para o desenvolvimento econômico e social dos países, além de estar intrinsecamente ligada à competência da administração pública, sem a qual as ações não seriam realizadas como planejado. Por tais razões, é preciso que os governos tenham uma visão de Estado e se comprometam com a contínua melhoria da capacidade de governar, o que se alcança por meio da formulação e da implantação de políticas públicas de gestão.

3.

Legitimidade

No Brasil, o desgaste da legitimidade do Estado perante a população é visível nas críticas à gestão pública, que diariamente ecoam na mídia. Trata-se de uma relevante questão política — a perda de legitimidade, o descrédito do Estado brasileiro como instrumento para a melhoria da qualidade de vida da sociedade —, dado o papel da administração pública no desenvolvimento econômico e social.

O caráter político do tema configura-se na medida em que esse desgaste compromete o processo democrático e a convivência em sociedade, pois, pouco a pouco, perdem-se as referências coletivas e se favorece a exacerbação do individualismo. Esse quadro é real e presente e pode ser constatado pelas duríssimas avaliações que os poderes Legislativo e Executivo recebem em quaisquer pesquisas de opinião realizadas no país, bem como pela imagem negativa que a opinião pública tem em relação à prestação de serviços públicos de maneira geral.

O debate é atual, mas tem raízes em nossa história. A sociedade brasileira associa a imagem do setor público à cultura do patrimonialismo, cuja prática está no cerne da avaliação negativa em relação ao Estado. Fruto da histórica confusão entre o interesse público e o privado, que marcou a construção do

Estado brasileiro, o patrimonialismo desafia a construção de um Estado baseado em valores republicanos.

Os processos decisórios e de prestação de contas, no setor público, também são fonte de legitimidade. Nas empresas, as decisões são tomadas pela direção, que presta contas a proprietários e acionistas. Já no setor público, a sociedade participa das decisões das organizações, que a ela prestam contas de forma muito mais complexa. Para tomar decisões, não basta às organizações públicas seu mandato legal: é preciso legitimá-las por meio de uma interlocução democrática com a sociedade.

Por fim, é imperativo recuperar a legitimidade do Estado perante a população — desenvolver estratégias de contraposição às práticas patrimonialistas, fortalecer a ética e a transparência públicas, promover a participação do cidadão e conquistar qualidade no atendimento da população. Isso porque, se a democracia possibilita que a sociedade se organize e cobre resultados dos governos, a frustração das expectativas e o desânimo consequente de uma precária atuação do Estado comprometem o desenvolvimento democrático do país. Logo, a qualidade da gestão pública é fator decisivo para alcançar os resultados esperados pela sociedade e, portanto, para a legitimidade do Estado.

4.

Melhoria contínua: compromisso dos governos, demanda da sociedade

Como a prestação dos serviços públicos é assunto de enorme relevância para a sociedade, poderia se esperar que a população tivesse um alto grau de exigência, cobrando dos governantes compromissos com a melhoria de sua qualidade. No entanto, isso não acontece. Não há uma forte cobrança em relação à qualidade da prestação de serviços nem, muito menos, quanto à exigência de compromissos com a melhoria contínua da estrutura pública de gestão que levassem a administração pública a aprimorar, ao longo do tempo, cada vez mais, sua capacidade de prestar serviços à população. Aliás, essa melhoria contínua é o que mais atende os interesses da sociedade, por permitir aos sucessivos governos ofertar serviços públicos com qualidade e eficiência crescentes.

A discussão de políticas para melhorar a gestão do setor público ainda não alcançou a devida prioridade, embora o tema venha ganhando importância, particularmente nas campanhas eleitorais. Para os governantes, responsáveis pela formulação e pela implementação de políticas públicas, a qualidade da gestão pode assumir contornos dramáticos, sobretudo porque são eles que têm contas a prestar à população sobre suas promessas eleitorais.

Podemos imaginar, imediatamente após a posse, presidentes, governadores e prefeitos tomando decisões para realizar seus programas e cumprir as promessas eleitorais. Eles esperam, evidentemente, que tudo seja executado o mais rápido possível, com a maior qualidade, o menor custo e a transparência necessária aos atos de governo. Para isso, é claro, precisam de um bom funcionamento da administração pública. Porém, para aqueles de fato comprometidos com suas plataformas, o confronto entre o desejo de concretizar um plano e as dificuldades de gestão pode levar à frustração. Para outros, que confundem interesses públicos e pessoais, o mau funcionamento é oportuno para o fortalecimento de seu poder político ou a promoção do que lhes for mais conveniente.

Em qualquer dos casos, visando ao melhor interesse da sociedade — tanto para evitar as frustrações quanto para controlar e coibir o uso indevido da coisa pública —, a administração pública necessita de uma estrutura de gestão competente. Nas duas circunstâncias, a maior prejudicada com a falta dessa estrutura é a população, principalmente os mais desvalidos, em geral os maiores demandantes de serviços públicos.

A questão é até quando os governos se sucederão e os novos governantes ficarão perplexos com a estrutura administrativa que encontram. Qual governante não gostaria de, ao tomar posse, dispor de uma estrutura administrativa profissionalizada, que executasse seu programa de governo com qualidade e eficiência? Qual governante não gostaria de ter a imagem de sua administração associada à competência de gestão? Trata-se de uma importante reflexão para a sociedade, particularmente para as lideranças políticas e os servidores públicos.

Por outro lado, a população não recebe contrapartida de serviços públicos compatível com os gastos em que incorre. Os interesses, portanto, são convergentes: a sociedade demanda serviços de qualidade, e os governos querem realizar os programas a que se propuseram e pelos quais foram eleitos. Contudo, são poucas as iniciativas mais profundas, por parte dos governantes, para romper o ciclo vicioso. Se a sociedade não valorizar e exigir melhorias de qualidade na gestão pública, é improvável que o tema seja tratado com a prioridade necessária. Os políticos se mobilizam de acordo com as reais demandas dos eleitores, pois dependem dos votos. Portanto, resta a mobilização da sociedade em torno do tema, para garantir a sensibilização das lideranças políticas.

5.

Evolução histórica do papel do Estado

Para entender a evolução da gestão pública, vamos recuperar a história da construção do Estado moderno — sem retroagir muito, pois, para nosso objetivo, é suficiente partir do século XIX. Nesse momento, consolidou-se o Estado liberal, conceituado como aquele cujos objetivos eram garantir os contratos e a propriedade privada, bem como fornecer segurança à população. Esse tipo de Estado, que substituiu o anterior, absolutista, foi fruto da exigência de um setor social, a burguesia, que então se fortaleceu economicamente e prosperou nos negócios. O Estado, portanto, adaptou-se às necessidades da sociedade — nesse caso, de parte dela —, em um processo de disputa política e social. No período, houve também uma evolução para um processo mais democrático de disputa pelo poder.

Ao fim do século, o Estado podia ser caracterizado como liberal-democrático, segundo Bresser-Pereira (2009). Nessa forma, com poucas funções sociais, as exigências, do ponto de vista da gestão, eram mais simples em comparação com o Estado social-democrático que estava por vir, embora mais complexas do que o anterior Estado absolutista.

Durante o século XX, a evolução da democracia e do capitalismo impôs mudanças ao papel do Estado. Ao incorporar a garantia de mais direitos sociais (saúde, educação, entre outros) às suas funções básicas, caracterizou-se como Estado social-democrático (Bresser-Pereira, 2009). Para viabilizar efetivamente o exercício dos novos direitos, contudo, foi necessário construir uma ampla estrutura de prestação de serviços, que provocou um crescimento de custos sem precedentes, a ser financiado por um vertiginoso aumento de impostos. Como gerir essa enorme engrenagem, com qualidade e eficiência, tornou-se uma questão relevante. Oferecer saúde e educação públicas para toda a população, por exemplo, não é algo trivial do ponto de vista da gestão, em especial com as regras vigentes no setor público. Além disso, a intervenção do Estado na economia também se intensificou, fosse para regular suas atividades, fosse para produzir diretamente bens e serviços, o que contribuiu para aumentar ainda mais a complexidade de gestão do Estado.

A sociedade se deparou, então, com um novo desafio: administrar esse Estado ampliado e muito mais complexo. Seriam os conceitos de gestão pública praticados até aquele momento suficientes?

Para organizar e gerir o Estado liberal, a administração pública utilizou os princípios do sociólogo alemão Max Weber, em seu estudo da burocracia: imparcialidade, impessoalidade, formalidade, hierarquia rígida, planejamento de carreiras e padronização de procedimentos. Em relação à situação anterior, patrimonial, a adoção desses princípios permitiu que a gestão pública avançasse muito, pois a organização burocrática proporcionou uma dominação racional-legal, conforme Weber, mais efetiva do Estado sobre a sociedade. No Estado absolutista, a gestão era patrimonialista: os recursos do país se confundiam com os bens do soberano; não havia separação entre o que era público e privado. Os princípios sistematizados por Weber fizeram essa separação no Estado liberal. Ninguém deveria, por exemplo, ser atendido pela estrutura do Estado, nem ter tratamento diferenciado, apenas por ser amigo do rei. Isso representou uma grande revolução, portanto, no funcionamento da administração pública e em sua relação com a sociedade.

A evolução do papel do Estado levou-nos à sua versão social democrática, porém a administração pública continuou a ser organizada pelos princípios weberianos, até que se chegou a uma crise desse paradigma burocrático. A excessiva rigidez da burocracia pública construída a partir desses princípios se mostrou incapaz de oferecer serviços públicos com qualidade e eficiência nessa nova etapa evolutiva. Isso aconteceu não só porque houve uma ampliação da gama de serviços oferecidos, mas por um crescimento populacional extraordinário, tornando a gestão pública ainda mais complexa e trazendo à ordem do dia, com muita força, a questão da eficiência.

A eficiência só passou a ser valorizada a partir da década de 1980 e nos países desenvolvidos. No Brasil, o mesmo aconteceu apenas em 1998, com a aprovação da Emenda Constitucional nº 19, pela qual a eficiência para a organização da administração pública foi incorporada aos princípios constitucionais.

Além disso, outra característica do modelo burocrático levou a administração pública a se voltar para si mesma: a ênfase nos procedimentos, mais do que nos resultados. Sem foco nas demandas, requisitos e necessidades dos usuários, a gestão proporciona um atendimento ineficiente e de baixa qualidade. Criou-se a cultura de exigir do servidor público unicamente o cumprimento correto dos procedimentos, e não resultados para a sociedade. Regras rígidas, centralização excessiva e procedimentos muito detalhados foram a consequência da implantação do modelo burocrático clássico.

Não se trata, hoje, de abandonar totalmente o paradigma weberiano, mas de desenvolver a flexibilidade administrativa e gerencial, para permitir o aumento da eficiência e da qualidade na prestação de serviços públicos, e de priorizar os resultados para a sociedade, em contraposição ao mero cumprimento de formalidades burocráticas.

A crise, entretanto, não deriva apenas do paradigma de gestão. Vai muito além. É uma crise do Estado, sendo a crise do paradigma weberiano apenas um de seus aspectos.

6.

Reforma da gestão pública

A sociedade brasileira se depara hoje com o desafio de reformar a administração pública. As principais tendências que apontam nesse sentido são: o processo de globalização em curso, que redefine o papel do Estado; a redemocratização do país, que estimula demandas de ampliação e melhoria do serviço público; um maior protagonismo das organizações da sociedade civil, que assumem responsabilidades na prestação de serviços públicos; a evolução vertiginosa das tecnologias de informação e comunicação; as restrições criadas pela crise fiscal ao financiamento da administração pública; a crise do modelo atual de intervenção na economia, que estimula o fortalecimento do papel regulador do Estado (em vez de produtor); e a crise de seu modelo de gerenciamento, que leva a uma revisão do paradigma weberiano.

Esse conjunto de tendências pôs em xeque o marco regulatório administrativo do setor público, devendo este ser atualizado para permitir que os governos continuem atendendo as demandas da população, em quantidade e qualidade, e promovam a competitividade da economia.

Vivemos um momento de grandes transformações. No campo externo, há o processo global de aprofundamento da integração econômica, social, cultural e política, impulsionado pelo barateamento dos meios de transporte e comunicação no final do século XX e no início do século XXI, cuja consequência é o aumento acirrado da concorrência internacional para nossos produtos e serviços. Há também os impactos das novas tecnologias de informação e comunicação, que ensejam novas formas de trabalho e relacionamento e, consequentemente, de prestação de serviços públicos e de controle social.

No campo interno, o aprofundamento da democratização leva os cidadãos a conhecer melhor seus direitos e lutar por eles, o que estimula demandas de ampliação e melhoria do serviço público. Na carência ou mesmo ausência do Estado — e por um desejo de participação —, organizações da sociedade civil assumem um papel mais importante na prestação de serviços públicos.

Experimentamos, além disso, uma crise fiscal de grandes proporções — configurada pelo aumento das despesas públicas, principalmente de custeio, o que provoca sucessivos aumentos de impostos como tentativa de financiar a administração pública e levanta dúvidas a respeito da capacidade do Estado de se financiar em médio e longo prazos. Por outro lado, o modelo de intervenção do Estado na economia tem sido alterado no sentido de fortalecer seu papel regulador, em vez de produtor. Por todo o mundo, vemos vários países desenvolverem programas de privatização para incentivar a presença das empresas privadas no mercado.

Em síntese, há uma ampla crise do Estado, que impõe a revisão do marco regulatório administrativo do setor público. Este precisa então ser atualizado para permitir que os governos respondam, com quantidade e qualidade, às demandas da população por serviços públicos e, mais do que isso, promovam a competitividade da economia. Impõe-se, portanto, uma profunda reforma da administração pública, com alguns objetivos políticos essenciais, como construir processos de decisão governamental transparentes e abertos à participação da sociedade; garantir o exercício dos direitos de cidadania, com qualidade e eficiência; evitar a captura do Estado por interesses privados e corporativos; e incentivar e apoiar a organização da sociedade.

Inevitavelmente, a reforma da administração pública precisa fazer parte da agenda democrática do país, pois suas regras de funcionamento são de interesse geral e devem ser construídas coletivamente. Ela é parte da agenda de reformas necessárias para modernizar o país, torná-lo mais justo e competitivo e aprofundar a democracia. O desafio é que a administração pública seja um importante fator de promoção da igualdade de oportunidades.

Entretanto, é preciso construir um consenso, na sociedade brasileira, sobre os valores e os objetivos orientadores dessa reforma para torná-la politicamente viável e socialmente aceitável, pois o padrão atual de relacionamento Estado-sociedade incorpora clientelismo, aparelhamento partidário da estrutura do Estado, patrimonialismo e corporativismo, entre outras práticas sociais com fortes raízes históricas, que impedem o bom funcionamento da administração pública. Para mudar esse padrão, é necessária uma transformação cultural na sociedade. Nenhuma atitude voluntarista e unilateral do governo é capaz de alterar esse padrão, pois não se pode reformar o Estado sem que a sociedade se reforme.

Reconhecer a verdadeira dimensão do problema é o primeiro passo para enfrentá-lo com sucesso. O processo será longo, mas é condição fundamental para construirmos uma nova gestão pública. Logo, é trabalho para alguns governos, sem quebra de continuidade. Deve ser um tema suprapartidário, que entre na agenda política do país, porque a mobilização dos agentes políticos é fator-chave para o sucesso do processo de modernização da gestão pública. Devido às suas responsabilidades na condução da administração pública, esses agentes são atores relevantes, capazes de influir no processo decisório de nossas instituições políticas, das organizações governamentais e dos governos.

Outra força política importante a ser mobilizada no processo de modernização da gestão são os servidores públicos. Não haverá reforma profunda e sustentável sem a participação efetiva daqueles que melhor conhecem a administração pública e dela vivem. Eles podem ajudar ou ser um entrave ao processo de modernização, pois dispõem de meios para boicotar o processo de mudança. Qualquer proposta de reforma da administração pública, por conseguinte, tem de reconhecê-los como atores relevantes e envolvê-los na formulação, até porque eles serão os responsáveis pela sua implantação.

É preciso, igualmente, envolver os órgãos públicos nesse processo de modernização, sobretudo aqueles de controle. Eles são detentores de um grande conhecimento acerca do funcionamento da administração pública e dispõem de força política para incentivar ou impedir a reforma.

Enfim, refletir sobre a relação entre Estado e sociedade, extrair elementos para elaborar uma reforma administrativa que inclua as demandas da contemporaneidade e envolver os principais atores nesse debate é o atual desafio da sociedade, particularmente dos governos, dos servidores públicos e das lideranças políticas.

7.

Organização e interlocução com a sociedade

É comum governos formularem políticas voltadas apenas para a prestação de serviços, omitindo-se quanto àquelas destinadas a aprimorar essa capacidade. Governos com visão de Estado, porém, além de prestarem serviços com qualidade e eficiência, comprometem-se com a contínua e consistente evolução da administração pública, como um compromisso com as futuras gerações. Para tanto, há a necessidade de políticas públicas de gestão capazes de garantir que os órgãos governamentais promovam o desenvolvimento contínuo de sua capacidade de prestação de serviços — isto é, desenvolvam a governança.

É fundamental definir como os governos devem se organizar para promover a evolução da administração, formulada e executada como uma política pública, e conduzir o debate com a sociedade sobre sua importância. Sabe-se que as políticas de gestão são de corte horizontal — ou seja, impactam o funcionamento de toda a administração pública — e que a responsabilidade por elas está distribuída entre vários órgãos do governo. Isso nos leva a concluir que a formulação e a execução de tais políticas devem ser feitas de forma coordenada, por meio de um comitê de gestão formado no mais alto nível de governo, com a coordenação executiva atribuída a um dos órgãos participantes, em princípio ao responsável pela área de planejamento ou administração.

Historicamente, a visão consolidada na administração pública indicava que as áreas responsáveis pela gestão tinham tão somente a responsabilidade de cuidar dos recursos materiais, financeiros e humanos. Hoje, em função das demandas da sociedade por mais e melhores serviços públicos, transparência e participação, consolida-se outra visão. É necessário rever o papel tradicional dessas áreas e dar-lhes prioridade na formulação e na coordenação das políticas que levem em conta as demandas da sociedade e a necessidade de melhoria contínua da governança da administração pública. Além das inovações na gestão de recursos, outras questões, como a qualidade no atendimento dos cidadãos e a experimentação de novos modelos organizacionais, impõem-se como temas de uma agenda de gestão contemporânea.

A concepção e a execução dessa política, muitas vezes entendida como uma reforma administrativa, contudo, requer cautela. Os responsáveis pela reforma administrativa, no âmbito dos governos, precisam levar em consideração o ambiente político que permeia a administração. É também necessário refletir sobre os interesses e a natureza dos atores envolvidos na gestão pública, particularmente na relação com as classes política e empresarial, com os servidores públicos e com os órgãos de controle, extraindo elementos que permitam elaborar uma política pública para o avanço da qualidade, da eficiência e da transparência da gestão no país.

A construção de um lócus institucional para acompanhar as mudanças em curso na administração pública é um desafio para os governos, e sua concretização seria uma garantia de que o setor público não mais ficaria estagnado, enclausurado em si mesmo, sem perceber as mudanças externas que demandam adaptações. Para a sociedade, o espaço de reflexão e discussão serviria também como interlocução sobre os temas referentes à gestão pública.

Aceitando como premissa que o lócus da formulação e da coordenação de uma reforma administrativa deve ser a área responsável pela gestão pública, os gestores teriam a grande responsabilidade de promover e liderar discussões sobre as mudanças necessárias, no âmbito de cada nível de governo, bem como de mobilizar a sociedade. O antropólogo Roberto DaMatta já nos ensinava, em debate promovido pelo governo do estado do Espírito Santo: não se pode mudar o Estado sem mudar a sociedade. Por isso, é preciso mudar algumas formas de relacionamento entre o Estado e os vários segmentos da sociedade baseados no clientelismo, no patrimonialismo e no corporativismo, pois elas impedem o bom funcionamento da administração pública. A transformação dessas práticas sociais arcaicas requer uma mudança cultural na sociedade, daí a necessidade de seu envolvimento nessa reflexão.

Entretanto, ainda não há compreensão sobre a importância de uma reforma da administração pública ou clareza quanto aos benefícios que ela pode aportar, principalmente aqueles relacionados com a melhoria contínua dos serviços e a democratização do acesso a eles. Aos responsáveis cabe, portanto, mobilizar e conscientizar a sociedade. Um dos desafios é a construção de um discurso que permita aos condutores do processo comunicar-se com a sociedade: um discurso político claro, facilmente compreensível pela população, e uma proposta de reforma factível e consistente.

Para obter clareza e aceitação, essa mensagem deve partir das demandas reais da população em relação à administração pública, que estão todo dia na mídia, e apresentar a reforma como solução. Essas demandas podem ser condensadas em dois pontos: má qualidade na prestação de serviços e desvio de recursos públicos. Já a reforma concentra-se em mudanças das regras de gestão, ou seja, do marco regulatório administrativo. Além disso, para que a tese da necessidade da reforma administrativa avance na sociedade, é preciso que as lideranças participem do debate público com muito mais intensidade do que têm feito até agora.

Discurso consistente e compreensível e muitos debates, portanto, pavimentam o caminho para a inclusão do tema da reforma da gestão pública na agenda política do Brasil.

8.

Ambiente político da administração pública

Numa sociedade democrática, disputa-se o poder para ganhar o direito de direcionar as políticas e os recursos públicos no rumo do programa escolhido nas eleições. Presente em todas as democracias, essa concorrência se exacerba no período eleitoral, mas é um processo permanente na administração pública.

Porém, nem todos os participantes dessa disputa têm o mesmo poder de influência. Os interesses patrimonialistas, clientelistas e corporativistas se opõem aos coletivos e, em particular, aos interesses dos mais pobres, em geral menos organizados e com pouca capacidade de influir nas decisões da administração pública. A incorporação do interesse público nas políticas públicas, consequentemente, vai depender do resultado do processo de disputa entre as várias forças em jogo.

Ao longo dos séculos, a sociedade construiu e aprimorou práticas para estabelecer o que realmente é de interesse público. Essas deliberações são realizadas tanto pelas instituições no âmbito dos poderes constituídos quanto pela sociedade — por meio, por exemplo, do processo eleitoral. O desafio é fazer com que a administração pública contribua para o aprofundamento e o aperfeiçoamento da democracia no país.

Para tanto, é necessário que assimetrias sejam corrigidas e que os interesses organizados da sociedade disputem as orientações das políticas públicas de forma transparente e em condições de igualdade, num processo legítimo e democrático. É preciso mudar qualitativamente o quadro que temos hoje, em que grupos com maior acesso ao poder político e mais possibilidades de influir no direcionamento do gasto público — como policiais, empresários, juízes, fiscais e parlamentares — se beneficiam em detrimento de setores mais pobres e desorganizados.

A democratização e a transparência do processo decisório das instituições públicas são fatores-chave para garantir a supremacia do interesse público, e é ele que deve orientar a formulação das políticas de gestão.

9.

Controle das políticas públicas

O Estado precisa ser controlado. É necessário impor-lhe limites para evitar o autoritarismo em sua relação com cidadãos e empresas e para garantir equidade na prestação de serviços. Sem controle, o Estado será capturado por interesses privados, corporativistas ou clientelistas, complicará a vida das pessoas e das empresas com exigências burocráticas descabidas, imporá uma excessiva carga tributária à sociedade e se voltará para si, perdendo sua finalidade precípua: servir à população.

O controle social — exercido diretamente pela sociedade em paralelo ao institucional, realizado por órgãos públicos — é fundamental. Enquanto as empresas privadas precisam atender os consumidores e o mercado para sobreviver, os governos e órgãos públicos são compelidos pela permanente pressão política da sociedade a cumprir sua função social.

Para o exercício dessa pressão, contudo, é necessário que a sociedade disponha das informações pertinentes. A transparência dos processos decisórios dos órgãos públicos e a participação dos cidadãos na formulação e no acompanhamento das políticas públicas são, por conseguinte, fatores determinantes para a efetiva realização do controle social. A Constituição brasileira criou vários espaços de participação visando ao controle social de políticas públicas. No entanto, isso não é o bastante. Ainda é preciso qualificar os representantes da sociedade e lhes fornecer as informações adequadas para que possam efetivamente participar da formulação e do controle das políticas públicas. Por outro lado, o controle institucional é exercido por vários órgãos: Ministério Público, poderes Legislativo e Judiciário e tribunais de contas. Todos esses fiscalizam e controlam o Poder Executivo e dele demandam informações.

É muito grande a quantidade de informações disponíveis para controle, em função sobretudo de uma legislação excessivamente detalhista. Isso impõe custos elevadíssimos ao Poder Executivo, pelo grande volume de recursos humanos e materiais mobilizados para atender as demandas dos órgãos de controle — recursos que poderiam ser, pelo menos em parte, muito mais bem utilizados no atendimento das demandas dos cidadãos.

O Poder Executivo tem dificuldade em cumprir a extensa e detalhada legislação, o que gera tensões junto aos órgãos de controle. Reclamam os dirigentes públicos do excesso de normas, da invasão de suas competências e dos custos para atender as demandas por informações. Respondem os órgãos de controle, por sua vez, que tais dificuldades advêm da falta de planejamento e de pessoal qualificado no Executivo. Então argumenta o Poder Executivo que a legislação dificulta a prestação de serviços à população, reduz a eficiência, impõe um alto custo à sociedade, além de responsabilizar pessoalmente o gestor público pela prestação de contas, o que o fragiliza frente aos órgãos de controle.

Como resultado, o exercício do controle dissemina a cultura de descompromisso com resultados e falta de encorajamento a atitudes empreendedoras e proativas, ao enfatizar as formalidades do processo em detrimento dos resultados. Cria-se, ainda, um temor em relação ao controle no setor público, o qual, na prática, prolonga o processo decisório, para que se colha a manifestação de diversos órgãos, em uma tentativa de diluir as responsabilidades dos dirigentes, que buscam se proteger perante a legislação de controle.

Há, portanto, uma assimetria entre os poderes do dirigente público e dos órgãos de fiscalização, em favor destes. A decisão tomada pelo gestor pode ser contestada pelo controle, cuja posição prevalece ao fim do contraditório, fragilizando o processo decisório. A convicção do gestor quanto ao acerto de suas decisões não é suficiente — é preciso convencer o controle, sob pena de o dirigente sofrer os rigores da lei. Ora, assim como todas as regras de funcionamento do Estado, essas normas também devem ser permanentemente repensadas no intuito de aumentar a eficiência do serviço público e de garantir o equilíbrio entre os resultados obtidos e os custos impostos à sociedade. O controle é imprescindível, mas igualmente essenciais são a eficiência e a qualidade na prestação dos serviços públicos. Logo, é preciso que suas regras não impeçam o desenvolvimento de uma cultura gerencial baseada no alcance de resultados. O objetivo é atender as demandas da população com o menor custo, no prazo mais curto, com qualidade e transparência e dentro da legalidade.

10.

Diversidade e complexidade da gestão pública

O Estado, na forma como o conhecemos, se organiza a partir do século XIX e se consolida no início do século XX. Após a I Guerra Mundial, evolui mais fortemente, no sentido de ampliar suas responsabilidades, mas só a partir da II Guerra Mundial se firma como Estado de bem-estar social. Nesse novo papel, assume cada vez mais serviços e se depara com um novo desafio: administrar a máquina estatal, que se torna gigantesca.

Não lhe é dado escolher um nicho de mercado para o qual produzir exclusivamente, como é típico no setor privado. Alcançar padrões de qualidade e produtividade na prestação de serviços para apenas um conjunto de consumidores, previamente selecionado, é bem mais fácil do que fazê-lo para toda a população. Além disso, a complexidade e a diversidade dos temas afetos ao setor público são maiores do que aquelas enfrentadas pelo setor privado. É muito mais simples produzir ventiladores e carros do que acabar com o analfabetismo e a pobreza, reduzir a violência, combater a gravidez precoce e a desigualdade, fazer justiça fiscal e promover o desenvolvimento econômico. Assim, com o passar do tempo, por demanda da sociedade, a estrutura da administração pública torna-se muito maior, mais complexa, diversificada e, desnecessário dizer, onerosa.

Nessa nova condição, a cultura burocrática, conforme descrita por Max Weber, entra em contradição com a necessidade de maior flexibilidade para o bom funcionamento da administração. Outras questões importantes também se impuseram. A eficiência, por exemplo, não era uma questão tão relevante na estrutura burocrática tradicional quanto é na estrutura pública contemporânea, complexa, prestadora de serviços em múltiplas áreas e consumidora de parcelas significativas de recursos da sociedade.

A evolução do papel do Estado, portanto, aumentou a complexidade de sua prestação de serviços e criou novas demandas para sua legitimação. Não lhe basta a legitimidade jurídica; é preciso incorporar novos atributos relacionados à qualidade de sua gestão e dos resultados para a sociedade. Por isso, a importância crescente do debate sobre a qualidade da gestão pública, que transcende o campo administrativo e ganha foros de garantia da legitimidade do Estado perante a população.

11.

Revisão do marco regulatório

O marco regulatório administrativo do setor público, composto pelas regras legais para contratação de bens e serviços, obras, gestão de pessoas, orçamentária, financeira e de controle, foi construído com o objetivo de evitar o desvio na aplicação dos recursos públicos. Para tanto, foi elaborada uma legislação complexa e detalhista, que impõe uma formalidade excessiva a tais processos administrativos, comprometendo a eficiência administrativa e a tomada de decisão. Além disso, as instituições criadas para fiscalizar a aplicação dos recursos, em todos os níveis de governo, são novas fontes de geração de normas relativas à gestão pública, que condicionam seu desempenho.

Esse conjunto de normas, regras e leis que forma o marco regulatório administrativo do setor público molda o comportamento dos servidores. Em consequência, ao longo do tempo, cria uma cultura organizacional comprometida com os valores e princípios ali estabelecidos. É, por isso, decisivo revisá-lo para construir uma gestão pública comprometida com resultados para a população.

O marco regulatório é responsável pelo desenvolvimento de uma cultura em que prevalece o foco nas formalidades dos processos, em vez de se concentrar nos resultados para a sociedade. Ele precisa ser repensado, para a maior celeridade da execução dos projetos e do funcionamento rotineiro do serviço público — e com urgência, pois a população está, hoje, nas filas, aguardando serviços. E o que vai permitir essa flexibilização é o aumento radical da transparência dos atos de gestão, com informações entendíveis pela população.

Contudo, para mudar o marco regulatório, é preciso formar um consenso na sociedade, o que não é fácil, pois há um conjunto de interesses — tanto pessoais quanto institucionais e empresariais — articulados em torno do tema. Logo, para viabilizar uma revisão da legislação, será necessário um amplo processo democrático de debate na sociedade, tendo como foco a prestação de serviços públicos de qualidade oferecidos com o menor custo possível. A partir desse ponto, devem-se estabelecer formas de garantir a legalidade, a transparência dos atos de gestão e definir novas estruturas e normas de controle.

12.

Políticas públicas de gestão

A administração pública formula políticas para orientar os serviços que presta a seus usuários: cidadãos, empresas e demais organizações privadas. A qualidade da prestação de serviços depende da qualidade das políticas públicas.

O debate contemporâneo identifica dois tipos de políticas públicas: as finalísticas (saúde, educação) e as de gestão, que dizem respeito aos meios (planejamento, controle, organização, orçamento, finanças, contabilidade, pessoal, tecnologia, logística, jurídica). Podemos acrescentar também as políticas de atendimento do cidadão, ética pública, desburocratização, parcerias com o terceiro setor, gestão para resultados e profissionalização do serviço público.

É muito recente, na literatura, o uso da expressão "política pública de gestão" para se referir a uma política setorial de gestão do setor público, conceito ainda não muito difundido. Em geral, utiliza-se a expressão "gestão pública", mais ampla, que engloba todas as políticas setoriais (educação, saúde, transportes etc.) para se referir ao governo como um todo. A grande novidade do debate atual é que, além de reunir um conjunto de atividades de gestão, como as citadas, em uma única política pública, chama-se a atenção para sua importância como forma de garantir qualidade e eficiência na prestação de serviços públicos.

Os temas relacionados às políticas de gestão sempre estiveram presentes na administração pública; o que faltava era o entendimento de que deveriam ser tratados de forma integrada, pois são de responsabilidade de vários órgãos públicos. E, como são políticas de Estado, voltadas para o desenvolvimento institucional, necessitam de continuidade, ao longo dos sucessivos governos, para que as competências de gestão evoluam rumo à obtenção de resultados para a sociedade, com qualidade sempre crescente. Dessa forma, elas permitem aos governos não só realizar seus projetos no presente, como também aprimorar cada vez mais a capacidade de prestar serviços à sociedade no futuro.

Governos com visão de Estado são aqueles que se comprometem com o desenvolvimento da capacidade de governar, por meio da formulação e da implementação de políticas públicas de gestão, entendendo que uma gestão pública mais qualificada é um dos legados mais importantes que podem deixar para a sociedade. Em síntese, as políticas públicas de gestão objetivam capacitar os governos para a formulação e a execução das diversas políticas públicas sob sua responsabilidade, para a gestão dos recursos a elas destinados e para a avaliação tanto de sua realização quanto dos resultados alcançados.

A capacidade de formulação das políticas é fundamental. Toda a prestação de serviços deve ser estruturada a partir da definição de prioridades, de qual problema precisa ser atendido com mais urgência e com base em qual estratégia. Mas não basta isso. É igualmente importante a competência para implantar as políticas e executar o planejado, dentro do cronograma estabelecido e com a qualidade necessária. Além disso, é indispensável uma boa gestão dos recursos, com impacto direto na eficiência.

O setor público não goza de uma boa imagem perante a sociedade quanto à gestão de recursos, pois há perfeita consciência de que os recursos disponibilizados não têm sido utilizados, historicamente, com a máxima eficiência e sem desperdícios. A imagem negativa, entretanto, não decorre apenas de deficiências na capacidade de gestão, mas também de um marco regulatório administrativo que a dificulta, tema tratado em outra parte deste livro. Finalmente, desenvolver a capacidade de avaliação significa ter competência para determinar se as estratégias escolhidas, bem como a forma de pôr as políticas em prática, conduzem aos resultados esperados; isto é, se são eficazes. Muitas vezes, políticas conduzidas durante anos não produzem os resultados esperados, por erros de formulação ou de execução que não foram corrigidos a tempo por falta de um processo de avaliação.

Ao considerarmos as políticas de gestão como políticas públicas, precisamos definir as responsabilidades por sua formulação, sua execução e seu controle. Enquanto cada política finalística tem um só responsável — educação e saúde, por exemplo, são, cada uma, de responsabilidade de apenas um setor do Poder Executivo —, as políticas de gestão têm vários responsáveis, pois os temas são transversais na estrutura de governo. Assim, podemos pensar em um colegiado, com representação das áreas de gestão, para assumir as responsabilidades pela formulação, pelo controle e pela coordenação — e também pela inovação! —, no nível mais alto de governo. Um colegiado assim, de coordenação das políticas de gestão, cumpriria um papel de referência, apoio e incentivo para as várias áreas quanto à melhoria da gestão e, não menos importante, quanto ao alinhamento com as orientações estratégicas definidas pela política de gestão do governo.

Peter Drucker, guru mundial da administração, sintetiza bem o conceito de gestão: "Gerir é tomar providências para que os resultados apareçam". É o que fazem todos os gestores públicos diariamente. Portanto, seu envolvimento e seu compromisso são fundamentais para que as políticas públicas de gestão alcancem seus resultados. A modernização da gestão seria, então, uma obra coletiva, em que todos os órgãos públicos assumiriam suas parcelas de responsabilidade.

Essa dimensão coletiva pode ser exemplificada por meio da implantação da cultura de planejamento nos órgãos públicos do Poder Executivo, que será facilitada se todos os dirigentes estiverem comprometidos com elas. Sem aliados, interna e externamente ao setor público, serão muitas as dificuldades para a modernização de sua gestão.

Além disso, as políticas de gestão precisam ser integradas, alinhadas, coordenadas e consistentes entre si para que apoiem as áreas finalísticas, e essas, por sua vez, possam obter mais e melhores resultados. A assimetria na evolução das competências das políticas de gestão, portanto, é mais um complicador a ser considerado no processo de melhoria da gestão do setor público. O ideal é que haja um planejamento bem-articulado, para que todas as políticas possam evoluir harmoniosa e integradamente, pois o impacto positivo será muito maior.

A integração também é necessária para garantir uma rápida mobilização de meios em apoio a decisões emergenciais de governo ou para alocar recursos em função das prioridades estabelecidas. É preciso evitar, por exemplo, que o planejamento defina um rumo e que o orçamento seja direcionado a outro. Por outro lado, as políticas de gestão servem como um limitador para a definição do volume e do tipo de serviços que serão prestados à população, uma vez que não há recursos disponíveis para atender as múltiplas demandas da sociedade ao mesmo tempo. Feitos os ajustes fiscais necessários, a integração das políticas de gestão será uma importante base para sua execução.

Outra importante contribuição das políticas de gestão é organizar a coordenação do governo. A falta de uma boa coordenação compromete a qualidade dos resultados e estimula o desperdício de recursos. Considerando que os governos são formados por várias forças políticas, cada uma com seus interesses, a existência desse espaço de construção de consensos facilita e incentiva a unidade de ação. Sem ele, ao contrário, cria-se um ambiente propício ao aparecimento de "feudos", em que cada órgão governamental se volta para seus interesses específicos, e a visão de conjunto do governo resta comprometida.

As políticas públicas de gestão são horizontais, o que significa que qualquer decisão tomada em seu âmbito repercute em todas as políticas finalísticas. É inteiramente contraproducente que cada órgão público tenha seu orçamento, sua política de pessoal, sua contabilidade ou qualquer política de gestão própria, independentemente das diretrizes gerais do governo. Nesse caso, a administração pública perderia o controle, o governo não teria condições de definir prioridades e aumentariam o desperdício e a ineficiência.

Assim, as políticas de gestão devem ser entendidas como instrumentos para apoiar a implementação das políticas finalísticas. A construção detalhada do instrumento escolhido vai depender dos objetivos e do ambiente que envolve a política setorial específica. Um exemplo, por sua relevância e transversalidade, é o plano de cargos e salários, um importante instrumento da política de pessoal. Este evidentemente será formulado a partir das necessidades específicas de gestão de pessoal de cada área da administração pública.

A importância da harmonização entre políticas de gestão e finalísticas pode ser demonstrada também na decisão do governo de melhorar a qualidade da educação. Para esse fim, é preciso formular a política educacional e criar uma estrutura pertinente de prestação dos serviços: contratar e capacitar professores, construir escolas, alocar recursos orçamentários e financeiros. É claro que não adianta decidir aprimorar a educação se não forem tomadas medidas subsequentes para que isso ocorra. Este é o papel das políticas públicas de gestão: garantir a qualidade e a implementação sustentável das políticas finalísticas.

Em suma, as políticas públicas finalísticas são condição fundamental para que haja a prestação de serviços, mas não são o suficiente. É preciso complementá-las com as políticas de gestão; ou seja, articular fins e meios na formulação e na implementação de políticas públicas para a adequada prestação de serviços à população.

13.

O debate sobre as políticas públicas de gestão

A sociedade discute muito mais as políticas finalísticas do que as de gestão, que são valorizadas apenas nas crises fiscais ou políticas. Em crises fiscais, é mister implantar práticas de contenção de despesas, por isso ganham destaque as políticas orçamentária e financeira, em torno das quais a mídia se mobiliza. Nas crises políticas — no debate sobre nepotismo, por exemplo —, a opinião pública e a mídia são mobilizadas. Além desses momentos, contudo, não há debate, pois a população está interessada nos resultados das políticas públicas, e não em sua gestão, que é delegada aos governos e à burocracia pública. Por outro lado, muito por conta da falta de quadros competentes, do abandono e da falta de relevância no debate público, a formulação e a implantação das políticas de gestão se fragilizaram ao longo do tempo. Os mesmos fatores provocaram também o enfraquecimento e a desorganização da administração pública, o que facilitou sua captura por interesses privados e a deterioração de sua imagem perante a população.

A sociedade debate o que fazer para melhorar educação, saúde, segurança, por exemplo, mas a política de gestão não é discutida com a mesma ênfase. O tema se torna apenas interno, da burocracia pública. Por isso, os interesses da burocracia prevalecem na formulação da legislação pertinente, com a criação de controles cada vez mais detalhados, que realçam e fortalecem seu espaço de poder. A visão predominante é a burocrática. Dessa forma, os princípios de qualidade e de eficiência no serviço público ficam relegados e valorizam-se muito mais o processo do que os resultados.

É difícil que o debate sobre política pública de gestão avance na sociedade, por envolver temas que afetam interesses corporativistas poderosos — a estabilidade no emprego, por exemplo — ou por requerer transparência nas decisões, o que pode contrariar conveniências empresariais, corporativistas ou políticas. Há ainda resistências ideológicas a partir de diferentes visões sobre o papel do Estado: alguns setores atribuem ao Estado a solução de todos os problemas e questões da sociedade; outros acham que o Estado não resolve tudo e precisa de parcerias com organizações da sociedade civil.

Esse jogo de interesses, muitas vezes contraditório, associado ao posicionamento ideológico de grupos políticos, tem conseguido impedir e "patrulhar ideologicamente" um debate público aberto e transparente sobre o modelo de gestão do setor público. No entanto, para que possamos encontrar soluções adequadas — fruto da convergência de vários enfoques, da contribuição de muitas instituições, da manifestação de diversas forças políticas e interesses —, é fundamental um debate público sem preconceitos, centrado no interesse da população, que, nesse caso, traduz-se por atender o cidadão e as empresas com eficiência, qualidade e transparência. É preciso encontrar a melhor forma de organizar o setor público para melhorar a prestação de serviços para a população, não para atender os interesses corporativistas ou clientelísticos de parcelas da sociedade.

Outro aspecto é que as políticas de gestão têm uma dimensão de Estado muito forte, pois se trata de um processo de melhoria constante, aplicado a uma estrutura permanente. Essa política, portanto, precisa de continuidade, tanto de administração quanto de investimento, tanto a médio quanto a longo prazo. Os interesses políticos eleitorais, contudo, são de curto prazo e a isso se contrapõem, pois nosso ciclo eleitoral, com pleitos a cada dois anos, inibe uma visão voltada para períodos maiores.

Por seu lado, a sociedade também é imediatista e deseja resultados em pouco tempo. Os políticos captam esse sentimento e querem atendê-lo prontamente. Logo, os investimentos para sustentar a modernização da administração disputam com outros, de rápido retorno e grande visibilidade, como asfaltar estradas e ruas, construir hospitais, quadras de esporte e escolas. Investir na melhoria da capacidade de prestação de serviços, com vistas a mais qualidade e produtividade no futuro, ultrapassa muitas vezes os mandatos dos governantes, em geral preocupados em atender as necessidades prementes de seus eleitores.

Além disso, a administração pública consome muitos recursos e não presta serviços com a quantidade e a qualidade requeridas. Em consequência, os políticos, ao apoiarem investimentos na melhoria da gestão, receiam desperdiçar recursos que não trarão o retorno esperado, em termos de mais e melhores serviços para a população nos prazos de seus mandatos.

Em síntese, qualquer projeto que vise melhorar a capacidade de prestação de serviços públicos à população deve promover a eficiência, a transparência e a qualidade no atendimento tanto do cidadão quanto das empresas, e precisa, como contraponto ao foco nos processos, concentrar-se em resultados. Contudo, para sua viabilidade política, é indispensável que apresente resultados, mesmo que parciais, durante o mandato dos governantes.

14.

Planejamento das políticas de gestão

O planejamento estratégico das políticas públicas de gestão deve considerar duas dimensões: o governo e o Estado. O objetivo da primeira é oferecer soluções imediatas de gestão para viabilizar o plano de investimentos do governo e a melhoria da prestação de serviços à população. Seu horizonte é a duração do mandato dos governantes e visa cumprir os compromissos assumidos com a população durante a campanha eleitoral. Já o objetivo da dimensão do Estado é investir no desenvolvimento das competências necessárias para aprimorar a capacidade de gestão do setor público, como um compromisso com as futuras gerações. Esse aspecto do planejamento tem prazos médios e longos, além da duração dos mandatos, embora seja desejável obter resultados ainda em seu decorrer, como argumentamos adiante.

O plano estratégico de gestão do governo é um documento orientador, referência para todos os órgãos públicos na elaboração de seus respectivos planos de gestão. Forma-se assim uma estratégia ampla, com uma agenda de melhoria de gestão do governo complementada com as agendas setoriais de cada órgão. Isso porque as soluções de modernização da gestão e o ritmo de suas implementações dependem do ambiente que envolve a política setorial específica, não podendo, portanto, se limitar a uma única agenda global.

O sucesso de um processo de melhoria de gestão depende fortemente do comprometimento dos dirigentes, e o caso público não foge à regra. A melhoria da política de gestão, que perpassa transversalmente todas as demais, só logrará êxito se estiver alicerçada em um forte apoio das lideranças do governo e dos órgãos setoriais. Decorre disso a importância de eleger lideranças comprometidas com a modernização da gestão e preencher os cargos gerenciais com pessoas solidárias com esse compromisso. E nenhum processo de modernização terá sucesso se os agentes da mudança, os próprios servidores públicos, nesse caso, não concordarem com ele. Logo, também é necessário motivar e envolver essas pessoas para o debate e a construção de uma agenda de melhoria da gestão.

A modernização depende ainda do posicionamento de vários órgãos públicos, como tribunais de contas, Ministério Público, Judiciário e Legislativo. Todas essas instituições têm poder legal para interferir na gestão pública; por essa razão, é necessário envolvê-las num amplo debate para conquistar o máximo de consenso possível em relação aos conceitos que permitem avançar na melhoria da gestão pública.

Muitos são os atores, e qualquer planejamento consistente para modernizar a gestão pública precisa levar em consideração a necessidade da participação de todos. Ocorre, entretanto, que não temos no Brasil um amplo consenso em relação a tais conceitos modernizadores. Não obstante, no meio dos debatedores dessa política, principalmente no Poder Executivo e na academia, está-se muito próximo de um entendimento. O fato novo, motivador, foi a publicação do Plano Diretor da Reforma do Aparelho do Estado, pelo Ministério da Administração e Reforma do Estado (Mare). A partir dele, nos últimos 15 anos, o debate aprofundou-se e consolidou conceitos que impulsionam a modernização da gestão pública — ênfase em resultados, em vez de processos; parceria com organizações da sociedade civil para a prestação de serviços públicos; foco na prestação de serviços ao cidadão/usuário; valorização do comportamento empreendedor e criativo do servidor e do dirigente público; profissionalização do serviço público; transparência, participação da população e incentivo ao controle social.

O planejamento estratégico da gestão, baseado nesses novos conceitos, segue uma estrutura básica que tem como elementos a missão, os valores, os objetivos gerais, as estratégias — que vão permitir alcançar esses objetivos — e suas diretrizes e as políticas sobre os vários temas específicos que envolvem a gestão pública.

Na base do planejamento está a missão, que, em essência, é desenvolver as capacidades de governar e de gerir recursos — administrativos, financeiros, materiais, tecnológicos e de pessoal — necessários para formular e implementar as políticas públicas. Para alcançar a missão, é indispensável a consolidação de uma nova cultura entre seus executores, os servidores públicos. Uma cultura democrática, comprometida com a inclusão social e com o desenvolvimento, caracteriza-se por seus valores principais: fortalecer o mérito, o atendimento do público, a eficiência, o empreendedorismo, a inovação, a ética pública, o compromisso com a democracia, o combate à desigualdade e o desenvolvimento.

Os objetivos gerais resumem-se, então, em desenvolver as capacidades de formular e implantar as políticas, gerir os recursos e avaliar os resultados alcançados — sua efetividade. Com isso, retroalimenta-se o ciclo de gestão pela revisão das formulações e das estratégias originais, num processo de melhoria contínua.

As estratégias, o modo de alcançar os objetivos, são a profissionalização do serviço público, a aplicação da gestão voltada para resultados, o aprimoramento do controle social, o desenvolvimento de parcerias com organizações da sociedade civil, a implantação do governo eletrônico, da organização matricial para coordenação e gerenciamento do governo e de uma gestão fiscal responsável, e a descentralização do governo federal para estados e municípios e dos governos dos estados para os municípios, por meio da revisão de suas atribuições em relação à prestação dos serviços públicos.

Por sua vez, as diretrizes que orientam ou limitam as estratégias são eficiência, ética pública, legalidade, transparência, participação da população na formulação e no controle das políticas públicas e equidade no acesso aos serviços públicos — em síntese, democracia e eficiência.

As políticas sobre os vários temas específicos da gestão pública devem ser definidas em função de sua contribuição para a implementação das estratégias, segundo as diretrizes a elas associadas. Esses temas formam o escopo das políticas de gestão e podem ser enumerados: pessoal, tecnologia, planejamento, orçamento, controle, finanças, contabilidade, atendimento do cidadão, ética pública, organização e logística.

Por fim, essas políticas de gestão buscam aumentar a produtividade e a qualidade do trabalho do servidor, desenvolver uma cultura empreendedora e criativa no serviço público, aprimorar o controle dos gastos, aumentar a eficiência, ampliar a utilização de tecnologia de informação e comunicação na oferta de serviços à população e na gestão interna da administração pública, implantar a contratualização de resultados, desenvolver parcerias com o terceiro setor, elevar o padrão ético, ampliar o grau de profissionalização e de transparência no serviço público e melhorar a qualidade do atendimento do cidadão e das empresas.

15.

Profissionalização

O poder de comando da administração pública, disputado no processo eleitoral, efetiva-se com a formação do governo, pela nomeação dos quadros do grupo político vencedor das eleições para os cargos de direção. Os eleitos podem, dessa forma, orientar a administração de acordo com seu programa, o que é comum a todos os países democráticos.

Entretanto, os membros nomeados pelo poder político, a partir de sua posse nos cargos, conviverão com servidores públicos efetivos, de carreira, concursados, que servem na administração pública, como parte do corpo permanente de funcionários, sob qualquer que seja o governo. É fundamental, portanto, que existam regras de convivência entre os grupos — o que detém o poder político advindo do processo eleitoral e o dos servidores de carreira —, em prol da qualidade da gestão pública e da minimização de desvios como nepotismo, clientelismo e patrimonialismo. Assim acontece nos países considerados desenvolvidos.

Regras de convivência desse tipo foram estabelecidas entre o final do século XIX e o início do século XX, nos países que se desenvolveram mais cedo. Consolidou-se então a profissionalização da administração pública. E para quê? Para evitar a enorme descontinuidade gerada pela prática de substituição de todo o pessoal do serviço público do grupo vencido nas eleições. Excessivas trocas de pessoas em postos de comando impõem uma perda de memória administrativa e de capital de conhecimento acumulado e a interrupção dos projetos em execução, em prejuízo da sociedade.

A profissionalização da administração pública foi logo percebida, por conseguinte, como um fator de desenvolvimento, ao proporcionar estabilidade ao funcionamento do governo diante da alternância dos grupos políticos no poder. A substituição de praticamente todos os funcionários ao início de cada novo mandato era corriqueira, por exemplo, nos Estados Unidos até o início do século XX, sendo modificada quando enfim a sociedade e a classe política americanas perceberam que ninguém ganhava com isso, menos ainda a parcela da população que mais necessitava dos serviços públicos.

Nesse quadro de alternância no poder, uma característica essencial da profissionalização da administração pública é a definição de quais cargos são de livre nomeação e quais devem ser ocupados por servidores de carreira. Em qualquer caso, porém, a subordinação da estrutura administrativa profissional ao poder político é um princípio basilar, não cabendo a visão tecnocrática de que ela é autônoma.

As regras de convivência são necessárias para limitar o grau de interferência e, com isso, assegurar continuidade administrativa, mas a obediência da administração pública ao poder político legal e democraticamente constituído deve ser mantida em qualquer circunstância. Esse princípio decorre tanto do respeito às escolhas feitas pela população, nas eleições, quanto do fato de os governantes eleitos serem aqueles que têm compromissos com a sociedade, assumidos em campanha, cuja realização depende da condução adequada da estrutura do Estado. No Brasil, contudo, o debate político ainda não produziu um pensamento hegemônico capaz de limitar a ampla discricionariedade que possuem os governos na nomeação de cargos públicos, no sentido de assegurar a continuidade administrativa proporcionada pelos servidores de carreira.

Historicamente, os países desenvolvidos adotaram a profissionalização da administração pública por entenderem que seu bom funcionamento é um fator necessário para o desenvolvimento econômico e social. Construíram uma administração pública fundada na impessoalidade e na imparcialidade, com servidores públicos efetivos, organizados em carreiras, com ascensão profissional e acesso aos cargos baseados no mérito, conforme proposto por Max Weber. Essa prática impôs limites ao clientelismo e ao corporativismo e promoveu a eficiência em relação aos métodos anteriores.

A profissionalização, por conseguinte, responde às demandas da sociedade por qualidade de serviços públicos e por segurança jurídica — garantia contra arbitrariedades, politização e captura da administração pública por interesses privados. O propósito maior é que ela seja subordinada ao poder político, profissional em sua ação e capaz de apoiar os governos eleitos na formulação e na implementação das políticas. Nesse contexto, a administração pública é um bem público.

16.

Gestão por resultados

O conceito de gestão por resultados na administração pública desenvolveu-se a partir da constatação do baixo comprometimento do serviço público com resultados de eficiência e qualidade para a sociedade.

A ideia central é definir um conjunto de resultados a serem alcançados na prestação dos serviços e associá-lo a metas, indicadores, prazos e orçamento. Junte-se a isso o controle da realização das metas, nos prazos estipulados, com os recursos orçamentários previstos, para o qual é preciso estruturar um processo de gestão com base nos indicadores. Pode-se ainda agregar um programa de benefícios para servidores e organizações, variável em função do grau de realização das metas e da obtenção de resultados, como elemento de incentivo e motivação. É necessário, também, que seja feita a mais ampla divulgação dos resultados alcançados para a sociedade, pela publicação de relatórios de acompanhamento com todos os detalhes pertinentes.

A gestão por resultados pode igualmente se utilizar de um "contrato de gestão", instrumento que formaliza os compromissos assumidos pelos órgãos públicos com o governo. Uma vez firmado e em execução, é crucial que seu cumprimento seja monitorado e que os resultados sejam tornados públicos, como forma de incentivar o controle social, o que pode ser conseguido por meio de avaliações periódicas feitas por comitês constituídos para esse fim específico. O contrato de gestão funciona como um pacto entre o governo e os órgãos da administração pública, pois é fruto de um processo de negociação, em que os resultados a serem alcançados na prestação de serviços à população e os meios necessários para isso são acordados pelas partes. No âmbito desse contrato, os governos devem também optar por compromissos voltados para o desenvolvimento institucional das organizações públicas, de forma a melhorar, no futuro, sua prestação de serviços e sua gestão.

O processo de contratualização tem sido um bom instrumento para consolidar a cultura de gestão por resultados no setor público, pois as organizações, para obter um contrato com o governo, esforçam-se para definir quais resultados podem trazer para a sociedade — o que não é uma questão trivial, visto que elas não estão acostumadas com esse tipo de reflexão. O processo ajuda também a disseminar a utilização de indicadores, metas, prestações de contas e controles de custos — enfim, a internalizar a cultura de gestão na organização pública. Contribui ainda para a continuidade do rumo estratégico das organizações ao longo dos vários governos, em consequência da formalidade de que se reveste. É, além disso, um fator de legitimidade das relações entre sociedade, governo e Estado, ao alinhar os interesses dos servidores públicos e das organizações com os da população.

Esse último é um aspecto interessante. O que faz com que servidores em uma delegacia, um hospital público ou qualquer órgão tratem o cidadão com atenção, eficiência, eficácia, respeito e dignidade, ou seja, que estejam comprometidos com a qualidade no atendimento dos cidadãos? Na iniciativa privada, o cliente insatisfeito não compra produtos de certa empresa, o que pode levá-la à falência. No setor público, não há a situação de falência. O cidadão não pode ser atendido por um concorrente que lhe ofereça um serviço de melhor qualidade. Em algumas áreas, como saúde e educação, há alternativas, desde que se tenham recursos financeiros para pagar por serviços privados. Porém, essa não é a situação de grande parte da população, que depende dos serviços estatais.

Faz-se imperativo, portanto, procurar soluções para melhorar a qualidade e a eficiência da prestação de serviços públicos, em benefício da maioria da população. A gestão por resultados é uma dessas. O grande desafio é motivar o servidor e as organizações, o que pode ser alcançado com o alinhamento de interesses. A ideia é criar incentivos — econômicos, de reconhecimento e de desenvolvimento na carreira — associados à obtenção de resultados de qualidade no atendimento dos cidadãos. Pode-se também instituir, onde couber, uma concorrência administrada entre os órgãos públicos, desde que a competição tenha por objetivo servir melhor.

Outra questão que impacta os resultados é o marco regulatório administrativo do setor público. As regras de gestão de pessoas, finanças, compras e controle — por exemplo, a forma como são feitas as contratações e as demissões, a agilidade nos processos de compras, orçamentário e financeiro, e o controle exercido sobre as organizações públicas — são bastante diferentes se comparadas ao setor privado e limitam os resultados em qualidade e eficiência.

As regras de gestão não podem ser iguais entre os dois setores, dadas as diferenças de finalidade, mas é preciso rever as regras do setor público para permitir a melhoria na prestação de serviços à população. O setor privado, com mais flexibilidade na gestão, consegue utilizar os recursos com mais eficiência. Portanto, é nesse sentido, visando ao aumento das flexibilidades da gestão pública, que devemos redesenhar o marco regulatório administrativo do setor público.

17.

Parcerias com o terceiro setor

Os problemas graves, complexos e diversificados que desafiam a sociedade em seu dia a dia estão além da capacidade do Estado. Para superar esses desafios, são necessárias parcerias com organizações da sociedade que se disponham a ajudar, sejam privadas, sejam do terceiro setor. Em particular, as parcerias com as Organizações Sociais (OS, não governamentais) e as Organizações Sociais Civis de Interesse Público (Oscips, idem) são as que mais provocam polêmica entre os debatedores do tema, mesmo que praticadas em área definida por lei e atendidos os requisitos legais (vide, por exemplo, a Lei Federal nº 9.790/99).

Muitos são contrários às parcerias com entidades do terceiro setor sem fins lucrativos e com finalidades públicas. Argumentam que se trata de uma privatização do serviço e de um artifício para fugir aos processos de licitação — e assim facilitar o desvio de recursos — e à obrigatoriedade de concurso público para a contratação de pessoal, uma vez que essas organizações não estão submetidas à legislação do setor público.

Há uma confusão conceitual em relação ao argumento de que parceria implica privatização, pois esta pressupõe a transferência de propriedade ou concessão do serviço para uma empresa privada, o que não é o caso. Organizações não governamentais parceiras do setor público, como entidades sem fins lucrativos que são, recebem apenas uma cessão temporária de patrimônio público mediante comodato, pelo período de vigência da parceria. Findo este, o patrimônio retorna ao setor público. Não poderia ser de outra maneira, pois esses bens muitas vezes constituem a própria infraestrutura que garante a prestação do serviço. Tem, pois, de estar sob controle público, para garantia da continuidade dos serviços.

O argumento também é utilizado por ideologia. Há aqueles que entendem que o Estado deve prestar todos os serviços públicos diretamente. A realidade, entretanto, é que, sozinho, não é possível atender, com eficiência e qualidade, todas as demandas de serviços da população, e, por isso, o Estado se vale dessa alternativa em algumas áreas, cuidando de previamente defini-las em lei.

A experiência de vários governos, com destaque para a rede pública de saúde de São Paulo, mostra que as parcerias têm proporcionado serviços eficientes e de qualidade à população. Estudos do Banco Internacional para Reconstrução e Desenvolvimento (Bird) concluíram que essa rede administrada pelas organizações sociais de saúde de São Paulo atende 25% mais pessoas com um custo 20% mais baixo do que a rede administrada diretamente pelo governo, em uma clara demonstração de melhoria da qualidade do gasto público. Não se sustentam, portanto, os conceitos *a priori* estabelecidos. O Estado continua sendo o responsável pela prestação dos serviços; apenas se utiliza dessas parcerias para ajudá-lo no atendimento das demandas da população.

Por serem de direito privado, essas organizações não estão submetidas à legislação do setor público em relação à licitação de bens e de serviços e à contratação de pessoal. No entanto, elas têm regras de controle de seus atos administrativos e prestam contas, ao governo que as contratou e à sociedade, dos recursos utilizados e dos resultados alcançados. Além disso, as entidades são obrigadas a ter normas que garantam a transparência e a impessoalidade na contratação de bens, serviços e pessoal.

Por outro lado, o controle social sobre essas organizações é bastante facilitado, pois elas assinam um contrato de gestão com o governo, em que estão explicitados todos os resultados esperados, com prazos, metas e indicadores. As instituições se comprometem, ademais, a divulgar amplamente todos os relatórios de prestação de contas e são obrigadas, por lei, a ter um conselho de administração formado por pessoas externas, que respondem com o próprio patrimônio em relação aos atos de gestão praticados.

Uma das grandes barreiras para o avanço das parcerias com o terceiro setor é a dificuldade de entendimento dos inovadores conceitos de gestão pública envolvidos. Norberto Bobbio, filósofo italiano, considera que a distinção entre o público e o privado é uma das grandes dicotomias que atravessaram a história do pensamento ocidental. O Estado moderno iniciou sua construção a partir da separação entre o público e o privado, sendo este o espaço da sociedade civil. Entretanto, a nova gestão pública está redefinindo conceitos, e um novo espaço, entre o tradicional espaço público estatal e o mercado, passou a existir. É público, mas não é estatal e também não é mercado. Situa-se entre eles. É o lugar onde atuam as entidades não governamentais, sem fins lucrativos e com finalidades públicas.

É natural que esse novo conceito leve certo tempo para ser assimilado, particularmente pelos servidores públicos. Formados no espaço público estatal e convivendo com uma cultura jurídica e de controle construída a partir desse referencial, veem-na ser desafiada pela criação de um novo espaço público.

Não obstante, mesmo sem um consenso, vários governos — federal, estaduais e municipais — se utilizam dessas parcerias, o que tem permitido a acumulação de uma grande e diversificada experiência no assunto. Os resultados estimulam o crescimento dessas parcerias em todo o país e as fortalecem politicamente, pois melhoram a prestação de serviços públicos à população. Contudo, a prática, os estudos e os debates sobre o tema evidenciam a necessidade de um marco jurídico mais consistente para amparar essa nova forma de colaboração entre o Estado e a sociedade civil. A formulação de uma legislação é um desafio que precisa ser superado com urgência, considerando a importância das parcerias na prestação de serviços, que pode ser constatada no texto de Augusto Franco na introdução do documento editado pelo programa Comunidade Solidária, do governo federal, em julho de 2001, para divulgar a Lei nº 9.790/99 sobre as Oscips:

> A Lei nº 9.790/99 — mais conhecida como "a nova lei do Terceiro Setor" — representa apenas um passo, um primeiro e pequeno passo, na direção da reforma do marco legal que regula as relações entre Estado e sociedade civil no Brasil.
> O sentido estratégico maior dessa reforma é o empoderamento das populações, para aumentar a sua possibilidade e a sua capacidade de influir nas decisões públicas e de aduzir e alavancar novos recursos ao processo de desenvolvimento do país.
> A Lei nº 9.790/99 visa, no geral, a estimular o crescimento do terceiro setor. Estimular o crescimento do terceiro setor significa fortalecer a sociedade civil. Fortalecer a sociedade civil significa investir no chamado capital social.
> Para tanto, faz-se necessário construir um novo arcabouço legal, que a) reconheça o caráter público de um conjunto, imenso e ainda informal, de organizações da sociedade civil; e,

ao mesmo tempo, b) facilite a colaboração entre essas organizações e o Estado. Trata-se de construir um novo marco institucional que possibilite a progressiva mudança do desenho das políticas públicas governamentais, de sorte a transformá-las em políticas públicas de parceria entre Estado e sociedade civil em todos os níveis, com a incorporação das organizações de cidadãos na sua elaboração, na sua execução, no seu monitoramento, na sua avaliação e na sua fiscalização.

18.

Eficiência

O conceito de eficiência deve ser aplicado de forma diversa nos setores público e privado. Suas finalidades são diferentes: o último visa ao lucro, enquanto o primeiro, à realização de sua função social. Além disso, o setor público tem um ambiente de atuação político, formas de controle mais exigentes, maiores complexidade e diversidade de temas, e regras de gestão mais restritivas. Tudo isso deve ser levado em conta ao empregarmos a eficiência para avaliar o desempenho do setor público.

Uma operação da Polícia Federal de combate à corrupção não pode ser avaliada apenas por esse critério, uma vez que estão em jogo valores que organizam a sociedade, como a obrigação de cumprir a lei. Passar para a sociedade a noção de que o crime não compensa é um resultado tão importante, em operações desse tipo, que é preciso relativizar o critério da eficiência em função de objetivos mais gerais. No entanto, isso não significa que o setor público não precise conhecer os custos de suas operações e procurar aumentar cada vez mais sua eficiência.

A implantação do conceito de eficiência no setor público tem sido um processo muito lento. Como princípio, ele passou a ser considerado básico na administração pública brasileira apenas a partir da Emenda Constitucional nº 19, aprovada pelo Congresso Nacional em 1998. Esse atraso se deve, em parte, à pressão da população sobre a administração pública limitar-se basicamente ao direito de acesso aos serviços (eficácia) e não se estender à utilização adequada dos recursos. Em outra parte, deve-se ao interesse de grupos políticos em capturar recursos públicos em benefício próprio, e não em aplicá-los, por exemplo, na modernização da gestão.

Num mundo com demandas crescentes da população por mais e melhores serviços públicos, em função do avanço da democracia, e em paralelo à restrição de recursos para financiar essas demandas, não há como avançar sem aumentar a eficiência. A ampliação dos serviços por meio da simples elevação da carga tributária não é mais aceitável, pois ela já é muito alta e o desafio hoje é reduzi-la.

Como, entretanto, financiar a expansão e a melhoria dos serviços? Essa é a questão com que os governos se deparam. Aumentar impostos — a solução tradicional — é inviável, visto que a carga tributária compromete cada vez mais o orçamento das famílias e a competitividade das empresas, e a sociedade tem se mobilizado politicamente para barrar iniciativas legislativas nesse sentido. O que fazer, então? A alternativa é inovar, enfrentando de maneira organizada, por meio de políticas de gestão, o desafio de promover a eficiência e a qualidade na prestação de serviços públicos. Ao incentivar a eficiência, essas políticas de gestão promovem concomitantemente o exercício dos direitos de cidadania, pois ampliam a oferta de serviços públicos à população sem elevação de gasto.

Entretanto, a eficiência da gestão não é assunto de interesse imediato do cidadão. Ele deseja ter acesso ao serviço e ser bem-atendido, mas não tem consciência de que a ineficiência e o desperdício de recursos públicos aumentam a carga tributária e limitam o acesso de outros. Ou seja, o cidadão paga pela má gestão do serviço público e não cobra eficiência dos governos.

O que ele quer é presteza e qualidade quando necessitar de serviços públicos. Contudo, para as lideranças políticas bem--intencionadas, a questão da eficiência é de suma importância. Ao obtê-la em sua gestão, o governo consegue, com os mesmos meios, atender mais cidadãos, ampliar a satisfação deles e fortalecer a própria imagem de bom gestor público, bem como aquela das lideranças políticas, de sua base de apoio, perante os eleitores.

19.

Gestão do gasto público

A discussão sobre a gestão do gasto público é da maior relevância social e do interesse de toda a sociedade. Em um país com enormes desigualdades sociais, a boa gestão do gasto público é um fator de legitimidade do Estado perante a população.

Em recente estudo comparativo, realizado pelo Ministério da Fazenda em 2003, sobre os gastos públicos no Brasil e na Inglaterra, demonstrou-se que os 10% mais ricos no Brasil se apropriam 12 vezes mais dos gastos sociais do governo do que os 10% mais ricos na Inglaterra. De cada um real de gasto social no Brasil, 60 centavos são apropriados pelos 10% mais ricos e 40 centavos pelos 90% mais pobres. Na Inglaterra, de cada um real de gasto social, cinco centavos são apropriados pelos 10% mais ricos, enquanto 95 centavos são apropriados pelos 90% mais pobres (*Veja*, set. 2003; estudo do Ministério da Fazenda). O estudo também mostra que se não fosse pelos gastos públicos a distribuição de renda da Inglaterra se assemelharia à do Brasil. A Inglaterra, portanto, promove o combate à desigualdade com muito mais eficácia do que fazemos por aqui, usando o gasto público como importante instrumento.

A qualidade do gasto público tem duas dimensões: a política e a de gestão. A primeira envolve questões distributivas e de equidade, definindo quem será beneficiário dos gastos ou mesmo se o Estado deve ou não gastar. Essas discussões, frequentes na sociedade quando se trata, por exemplo, da previdência, da educação universitária, dos salários e dos benefícios de magistrados, parlamentares e servidores públicos em geral, são raras na dimensão da gestão, em que se lida com eficiência, transparência, austeridade e controle dos gastos.

Do ponto de vista da gestão, trata-se de implementar decisões já tomadas na dimensão política, que, se eventualmente equivocadas por serem socialmente injustas, são problemas das políticas públicas setoriais, não de gestão. Entretanto, sempre haverá pessoas ou grupos insatisfeitos, que questionarão a qualidade do gasto por não terem sido beneficiados. A melhor forma, portanto, de o setor público enfrentar esse questionamento inevitável é pela vertente política, promovendo um amplo processo de discussão, o mais democrático possível, com a participação de todos os interessados no debate a respeito do gasto público e garantindo o máximo de transparência no processo decisório.

Em qualquer caso, o desejo da sociedade é minimizar os gastos e maximizar a oferta de serviços de qualidade. Como é ela quem paga a conta, via tributos, há uma cobrança crescente para que o gestor público administre com competência os recursos disponibilizados. Todos sabem das dificuldades pelas quais passa a população, principalmente os mais pobres, em sua luta diária pela sobrevivência. Que falta faz em um orçamento doméstico a quantia despendida mensalmente para o pagamento de tributos, sobretudo os impostos sobre o consumo! O conhecimento dessa realidade, por si só, deveria ser suficiente para motivar o comprometimento dos governos e dos servidores com o aprimoramento da qualidade dos gastos públicos.

Há qualidade do gasto quando um objetivo social é alcançado de acordo com a demanda e quando se utiliza a menor verba possível. Ou seja, é preciso que o gasto seja efetivo, eficaz e eficiente, para o que é necessário investir na melhoria da gestão pública. Planejar, executar, monitorar e avaliar as políticas públicas são ações que estão na base do gasto público de qualidade. Em sua execução, porém, a sociedade exige um nível de transparência e controle que não é exigido do setor privado. Tal reivindicação introduz uma complexidade que requer alta qualificação de pessoal para viabilizar o cumprimento dos prazos requeridos.

Existe ainda outra variável em jogo: é indispensável garantir ao gestor que seus atos estão em conformidade com a legislação vigente. Quem já foi ordenador de despesas no setor público conhece a importância dessa garantia, até para a própria vida privada após ocupar o cargo. Muitas vezes a análise das contas dos ordenadores de despesas, feita pelos tribunais de contas, arrasta-se por anos, cabendo ao dirigente público arcar com sua defesa perante os tribunais, se for o caso. Além disso, a lei imputa ao dirigente a responsabilidade por qualquer erro encontrado nas contas do órgão dirigido, mesmo não tendo sido ele o autor. Por isso, é fundamental que a estrutura administrativa do setor público garanta a legalidade dos atos de gestão praticados pelos dirigentes, principalmente aqueles referentes aos gastos públicos.

Em suma, os governos devem ter a preocupação de criar uma cultura de austeridade, transparência, eficiência e controle do gasto público. É preciso comprometer os servidores com esses valores para que haja uma mudança de postura permanente, como a sociedade espera. Ademais, o envolvimento dos servidores e dirigentes é necessário, pois eles decidem sobre os gastos e devem estar conscientes das implicações de suas deliberações. Um benefício colateral, mas não menos importante, do desenvolvimento dessa cultura é que ela constitui uma barreira contra a má utilização dos recursos públicos e ajuda a fortalecer, junto à população, a legitimidade da administração pública, que deve ter como meta um padrão ético de excelência reconhecido pela sociedade.

Ainda do ponto de vista do governo, é imprescindível aumentar os recursos destinados ao investimento público, pois essa é a parcela da arrecadação que retorna para a população na forma de melhorias de sua qualidade de vida. Os impostos arrecadados não podem ser gastos apenas no custeio da estrutura administrativa governamental. Entretanto, a decisão política de aumentar investimentos é de difícil concretização, pois a pressão por gastos de custeio, em particular pelos vários segmentos do setor público, é muito forte e politicamente poderosa. O governo que não resiste a esse tipo de pressão e não mantém uma razoável capacidade de investimento não consegue realizar uma boa administração, no sentido de melhorar a qualidade de vida da população.

Como fazer isso? O planejamento estratégico é o melhor norteador dos gastos públicos, uma vez que não há recursos disponíveis para resolver todos os problemas da população de uma só vez. É preciso estabelecer prioridades. Essa é uma questão política importantíssima, porque trata de administrar interesses muito diversos. O processo de planejamento ajuda os governos a definir as prioridades e a sustentá-las politicamente, em especial se esse processo for participativo e sua formulação e seu monitoramento envolverem a maior parte possível da sociedade organizada.

Outro ponto a considerar é que o direcionamento das políticas e do orçamento públicos é determinado pelo resultado da disputa política na sociedade. Fazer prevalecer o interesse da população no gasto público não é somente uma questão de índole moral; depende também de um processo político de acumulação de forças na sociedade que favoreça esse rumo. Os vários interessados no orçamento público — empresários que desejam obras, servidores que buscam melhores salários, políticos que talvez queiram utilizar a estrutura pública para interesses clientelistas e outros tantos — atuarão politicamente no sentido de direcionar o gasto. Priorizar o interesse público como resultado dessa disputa é uma obra política complexa e de grande importância para a sociedade.

A qualidade do gasto público, portanto, é uma construção social e coletiva, que pressupõe a mobilização política da sociedade para o exercício dos direitos de cidadania e o fortalecimento da democracia.

20.

Empreendedorismo e inovação

Os governos devem ter como objetivo promover uma cultura de inovação, criatividade e empreendedorismo no serviço público. Muitos consideram que esse pensamento é próprio da área privada. Entretanto, ter iniciativa, fazer acontecer e ser inovador são características altamente desejáveis, de que todo servidor público precisa para que a sociedade usufrua um serviço eficiente e de qualidade.

Já foi dito que as mudanças são constantes hoje em dia. Portanto, é vital para a sociedade que o Estado tenha competência para se adaptar às transformações vertiginosas da atualidade. O processo de globalização em curso, as novas tecnologias de informação e comunicação, o avanço da democracia e o fortalecimento da sociedade civil são tendências que põem em xeque a tradicional relação entre Estado e sociedade. É preciso que o setor público perceba essas transformações e se adapte rapidamente, em benefício da sociedade. Logo, estar aberto às mudanças e às inovações é decisivo para que o setor público possa atender as demandas atuais da sociedade.

Porém, desenvolver o espírito empreendedor e inovador no serviço público é um desafio, pois o ambiente não é receptivo a isso. A sociedade enxerga o serviço público como algo excessivamente burocrático, formal e cartorial, sem espaço para a inovação e o empreendedorismo. Essa realidade, infelizmente, é verdadeira para grande parte da administração pública, cuja imagem negativa é ainda reforçada pela ênfase na maior divulgação, por parte da mídia, dos exemplos negativos ocorridos na prestação de serviços públicos à população.

É verdade que o setor público, para superar obstáculos burocráticos, desperdiça energias que poderiam ser direcionadas para realizar mais em benefício da sociedade. No entanto, apesar das dificuldades, há servidores comprometidos com a inovação e a modernização, que devem ser conhecidos e valorizados pela sociedade como forma de fortalecê-los no embate interno com a inércia, o imobilismo e a falta de criatividade. A população precisa saber que existem aliados em defesa de seus interesses dentro do serviço público. Para isso, contudo, é fundamental haver mais divulgação, pela mídia, dos bons exemplos, mostrando a efetiva qualidade do setor. O equilíbrio na divulgação dos bons e dos maus exemplos leva a uma avaliação mais justa, pela população, das mazelas e da qualidade da prestação de serviços do setor público.

Para a política de gestão, o objetivo é criar um clima organizacional que valorize a criatividade e a inovação, ou seja, um ambiente propício ao desenvolvimento de uma cultura que aumente o número de servidores criativos e inovadores por meio do incentivo à adoção dessas práticas. Servidores e dirigentes têm de perceber que essas práticas são reconhecidas e estimuladas pelas políticas públicas de gestão, que é preciso não só ter as ideias, mas também a capacidade de pô-las em prática.

O ambiente do serviço público desestimula atitudes inovadoras dos servidores. Em decorrência, criam-se restrições e dificuldades para quem propõe mudanças e inovações. Com as regras de gestão que temos hoje e a cultura administrativa vigente, inovar é muito difícil. No entanto, muitas equipes conseguem superar as barreiras com criatividade e motivação, e precisam ser apoiadas por políticas públicas de gestão comprometidas com esses valores — que servirão também como elemento incentivador e aglutinador dos grupos inovadores e como fator de disseminação dos bons exemplos por todo o setor público, o que vem ao encontro da expectativa da sociedade em relação ao comportamento do serviço público.

A criação de uma cultura empreendedora, criativa e inovadora implica uma mudança permanente de valores, mas é muito importante para o aprimoramento contínuo da qualidade da prestação de serviços à população. Nesse novo ambiente, os servidores passam a sustentar esses valores, independentemente do governo de plantão. Os governos mudam, mas a transformação cultural fica, e quem se preocupa com mudanças permanentes no setor público desejará incentivá-las. A mobilização e a motivação dos servidores públicos em torno desses valores é uma das forças fundamentais para a modernização e a melhoria contínuas dos serviços prestados à sociedade.

Nossa cultura burocrática tem raízes na herança portuguesa: formalista, cartorial e detalhista, que valoriza mais o processo do que o resultado. Esses traços, entranhados na cultura jurídica e de controle do setor público, criam numerosas dificuldades para uma gestão inovadora e empreendedora. Inverter essa lógica e valorizar mais o resultado do que o processo é tarefa difícil, uma vez que os servidores passaram toda a sua vida profissional apegados ao processo, pois essa é a forma como eles são acompanhados pelos órgãos de controle, conforme a lei.

Como diz Keynes, "a verdadeira dificuldade não está em adotar as ideias novas e sim em abandonar as antigas". Impõe-se, portanto, uma verdadeira revolução cultural na mentalidade burocrática do setor público. É preciso simplificar e reduzir a interferência governamental na sociedade, deixando-a mais livre para empreender. O mesmo vale para a administração: é fundamental flexibilizar o marco regulatório administrativo do setor público para gerar um ambiente propício ao empreendedorismo e à inovação.

21.

Atendimento da população

O atendimento do cidadão, como parte da política de gestão do governo, é fundamental para todos os órgãos públicos, mas debater isso é uma grande novidade. O Estado desenvolveu uma burocracia autorreferente, centrada em seus processos internos e que não prioriza a qualidade do atendimento. Houve uma perda do sentido da finalidade da administração pública, que é servir ao cidadão/usuário, e o consequente afastamento destes em relação ao Estado, cuja legitimidade fica assim comprometida. Logo, é necessária uma profunda mudança cultural, inverter as prioridades: o foco deve ser o atendimento das demandas dos cidadãos/usuários. Contudo, essa nova prioridade vai de encontro à mentalidade autorreferente que hoje predomina. Para recuperar o valor do servir ao público, é preciso reformular as organizações públicas a partir das demandas dos cidadãos.

Quando o Estado perde as referências em relação às suas finalidades, a burocracia pública cria regras cada vez mais complexas para justificar a própria existência, o que dá margem à cultura de "criar dificuldades para vender facilidades" — que é como a população enxerga a situação. A lógica, nesse caso, não é aprimorar a qualidade e a eficiência na prestação de serviços, mas apenas aumentar a burocracia. Nesse contexto, as corporações não se sentem obrigadas a se legitimar perante a sociedade; elas detêm poder e o utilizam em proveito próprio.

De maneira geral, o Estado interfere demais na vida das pessoas e das empresas, por meio de um conjunto de normas, leis e regras. A sociedade, infelizmente, é tolerante em relação a esse comportamento, pouco participante, não reclama como deveria e não defende seus direitos. Em outras palavras, é submissa às determinações do Estado. Essa falta de participação e de defesa de direitos compõe um traço cultural da sociedade brasileira. A prestação de serviços públicos não é vista como direito, e sim como "favor" ao cidadão. No entanto, uma vez que a "pressão social" é fundamental para o funcionamento do Estado, a ausência de cobrança é igualmente responsável pela má qualidade nessa prestação de serviços.

É preciso repensar o atendimento do cidadão a partir do momento em que ele entra em contato com a administração pública, em qualquer ponto de sua vasta rede. Diariamente, milhões de brasileiros buscam os "balcões de atendimento" para solicitar informações ou serviços, fazer requisições, ou movidos por qualquer outra demanda. Alguns serão bem-atendidos e voltarão para casa com uma imagem positiva do tratamento que o Estado oferece à população, enquanto a maioria, que não tem oportunidade de usufruir serviços públicos de qualidade, verá mais uma demonstração do descaso em relação à população. Essa experiência negativa quanto à qualidade da prestação de serviços marcará a avaliação que esses cidadãos farão da necessidade do Estado em suas vidas. O bom atendimento, por conseguinte, tem grande importância política, porque fortalece a legitimidade do Estado perante a população.

Para melhorar o atendimento do cidadão, podemos imaginar coisas simples — desde organizar filas específicas para assuntos diferentes ou filas únicas com controle de senhas e disponibilizar informações em cartazes presos às paredes até processos mais sofisticados, com a utilização de tecnologia da informação e comunicação. É possível fazer tudo isso e muito mais, desde que haja uma política voltada para esse fim.

Algumas estratégias estão sendo desenvolvidas em todo o país; por exemplo, facilitar o acesso à informação sobre a prestação de serviços; criar ouvidorias, para contato direto do cidadão com o prestador de serviços; aprimorar o controle social, pelo incentivo à participação do cidadão; criar programas de desburocratização para simplificar o relacionamento da administração pública com os cidadãos e as empresas; rever processos de atendimento com foco no cidadão; estabelecer centrais integradas de atendimento; utilizar as tecnologias de informação e comunicação; realizar pesquisas de satisfação; e usar cartas de serviços, em que se definem padrões e metas para sua prestação, com ampla divulgação para os usuários.

Uma prática que se dissemina com muito sucesso são as centrais integradas de atendimento do cidadão, que reúnem em um único lugar a prestação de vários serviços demandados da administração pública ou de suas concessionárias. É uma ideia simples, mas de grande impacto na vida da população, uma vez que o cidadão se dirige a um único lugar para solicitar o serviço público e não precisa perambular por vários órgãos espalhados pela cidade. Além da economia de tempo e de dinheiro gasto em deslocamentos, essas centrais oferecem serviços complementares para facilitar e simplificar a vida das pessoas. Se for preciso fazer cópias de documentos ou pagar alguma taxa em banco, esses serviços serão encontrados na central. Todos os serviços prestados são monitorados em relação à qualidade, ao prazo e ao tempo de atendimento, e as informações estão disponíveis para os cidadãos. Alguns serviços são terceirizados para a iniciativa privada, o que dá ainda mais agilidade ao atendimento.

A experiência tem demonstrado que a estratégia das centrais de atendimento, ao criar um ambiente para a prestação de serviços com regras novas de gestão, permite ganhar qualidade em muito pouco tempo. É muito mais difícil e demorado reestruturar as várias organizações prestadoras de serviços públicos para aumentar a qualidade do que alocar alguns de seus serviços em um ambiente com novas regras de gerenciamento. Tudo se passa como se organizássemos a prestação de serviços a partir do zero, em um ambiente desprovido de vícios culturais em relação à gestão. Cria-se, desde o início, uma nova prática, comprometida com resultados, e, ao longo do tempo, observa-se que o padrão de qualidade do atendimento nas centrais se dissemina por todas as organizações públicas, com ênfase nos governos estaduais, em um efeito multiplicador benéfico para a população.

A qualidade do atendimento da população tem um impacto político muito grande. Qualquer melhoria é percebida imediatamente pelos usuários, contribuindo para uma avaliação positiva do governo. Em um passado recente, o ministro Hélio Beltrão comandou um programa de desburocratização do governo federal, em que conseguiu abolir muitas exigências documentais para a prestação de serviços públicos aos cidadãos. Com isso, ganhou uma notoriedade tal que chegou a ser lembrado como candidato à presidência da República. O que o ministro conseguiu, na realidade, foi sintonizar os anseios da população com a ação do Estado. Ele percebeu que a população e as empresas sofrem com filas, burocracia em excesso e mau atendimento. Por meio do programa de desburocratização, simplificou a vida cotidiana dos cidadãos e das empresas na relação com o Estado: um bom exemplo de que associar a imagem do governo com um compromisso efetivo com políticas desse tipo traz dividendos eleitorais.

Enfim, no relacionamento envolvido na prestação de serviços há um desequilíbrio de poder entre o cidadão e a administração pública, em favor desta. É preciso, então, empoderar o cidadão para estabelecer um equilíbrio. A melhor estratégia é disponibilizar o máximo de informações sobre a prestação de serviços e evitar que o cidadão se torne refém da burocracia.

Em relação ao atendimento das empresas, é necessário considerar que a atividade privada é a grande geradora de riquezas na sociedade, das quais o Estado extrai impostos. Portanto, para garantir o interesse público é fundamental se preocupar com a correta regulação do setor privado. Enquanto simplificar as regras que condicionam a atividade privada estimula a livre iniciativa e a criação de riquezas, burocratizar esse ambiente em que se desenvolvem as atividades produtivas privadas dificulta o processo de criação de riquezas e de desenvolvimento econômico e social, com consequências, inclusive, para a arrecadação de impostos e a criação de empregos.

22.

Governo eletrônico

As tecnologias de informação e comunicação (TICs) são um importante instrumento à disposição dos governos, tanto para aumentar a eficiência e a qualidade da prestação de serviços à população e de sua gestão interna quanto para facilitar o controle do Estado pela sociedade. Em função dessa importância, temos hoje uma política de gestão muito bem-sucedida em vários governos, denominada governo eletrônico (e-gov).

Seu objetivo é apropriar-se do avanço tecnológico para melhorar a gestão pública, a exemplo do aumento de produtividade obtido pela iniciativa privada com a incorporação de tecnologias. Os clientes da rede bancária, por exemplo, têm à sua disposição serviços de alta qualidade, que incorporam tecnologia e facilitam sua vida no dia a dia. Por que os usuários do serviço público não poderiam usufruir o mesmo padrão de qualidade? Como quem mais depende do bom funcionamento do setor público é a população mais pobre, o acesso aos benefícios produzidos pela utilização da tecnologia nos serviços públicos é também uma forma de inclusão social. Há uma demanda por informações que facilitem a vida do cidadão em sua relação com o Estado — saber onde os serviços são prestados, seus tipos, o horário de funcionamento dos órgãos públicos, quais documentos devem ser apresentados e tantas outras —, que pode ser bastante facilitada pela utilização das TICs.

Para cada um dos focos dessa política — acesso aos serviços públicos, gestão governamental e controle social —, é possível desenvolver soluções intensivas em tecnologia. O controle do Estado pela sociedade é uma questão central para a democracia, na medida em que evita sua captura por interesses privados e permite a avaliação da qualidade de sua gestão. Para exercer esse controle, entretanto, a sociedade precisa ter acesso a informações qualificadas sobre as várias dimensões da atuação da administração pública.

Ainda assim, os sistemas de informação do setor público em geral não foram projetados para atender a demanda por controle social. Para alcançar o atual grau de transparência em relação aos atos de gestão, têm sido improvisadas soluções com base em sistemas projetados para outras finalidades, como os controles de operação e execução de processos administrativos. Os sistemas de informação da administração pública precisam ser redesenhados para incorporar a demanda por transparência.

É verdade que há um volume muito grande de informações disponíveis sobre o funcionamento da administração pública, inclusive na internet, mas isso, por si só, é insuficiente. Para o controle social, é preciso que as informações estejam organizadas de forma que possam ser entendidas. Se isso for feito, o setor público dará uma enorme contribuição para a consolidação da democracia no país. A grande questão, portanto, não é a disponibilidade da informação, mas a forma como ela é divulgada. A disponibilidade pode ser também um problema, mas relativamente menor do que a qualidade da organização da informação, do ponto de vista do cidadão. E vale lembrar que o atual governo pode ser a oposição de amanhã, quando vai precisar de transparência nas informações para exercer seu papel constitucional de fiscalização.

Há dois grandes desafios a serem superados para se obter uma divulgação das informações públicas adequada ao controle social: a falta de vontade política e a falta de conhecimento técnico sobre como organizar as informações.

A falta de vontade política de se dar a conhecer decorre de interesses patrimonialistas, clientelistas ou corporativistas, sendo fácil entendê-la em relação aos dois primeiros aspectos. Ninguém que desvia recursos públicos ou que os aloca em suas bases eleitorais por motivos meramente clientelísticos quer transparência. Já o que explica a falta de vontade em divulgar as informações por interesse corporativo é o medo do servidor com relação ao impacto da difusão de um dado que, mal-interpretado, possa provocar um desgaste na sua imagem ou na do órgão público responsável. A boa intenção da divulgação pode se perder no meio da cobrança de responsabilidade e se voltar contra o servidor ou a organização no caso de um ato normal mal-interpretado por qualquer motivo: político, comercial ou mesmo pessoal, principalmente se for repercutido na mídia. Tal circunstância acaba sendo um inibidor da disposição do servidor público de facilitar a disseminação de informações.

Outro aspecto no âmbito dos interesses corporativos é que ninguém gosta de ser cobrado; faz parte da natureza humana. No entanto, mesmo para os servidores que agem de boa-fé, não há alternativa a não ser a mais ampla divulgação das informações para a sociedade. Assim, as organizações públicas e seus servidores devem estar preparados para essa nova fase de transparência e facilitar ao máximo o acesso da população às informações.

A falta de conhecimento técnico sobre como organizar informações de forma que sejam entendidas pela população é um desafio a ser superado pela capacitação dos funcionários que trabalham com as TICs no setor público. A experiência mostra que é muito difícil encontrar profissionais no mercado que saibam organizar as informações para que sejam entendidas pelos cidadãos. Também esse é um desafio de difícil superação. Uma solução é criar um canal de relacionamento por meio do qual a população possa dar sua opinião sobre a melhor forma de organizar as informações. Outra é construir uma política chamada de "dados abertos", em que os governos divulgam seus dados primários para análise de vários interessados, ampliando assim a transparência e o controle social. Ao procederem assim, os governos estimulam a participação da sociedade na disseminação das informações públicas.

A implantação do governo eletrônico traz outras dificuldades, que lhe são inerentes, principalmente as relacionadas com o vulto de investimentos necessários, a diversidade de soluções disponíveis para os vários serviços e a capacitação de pessoal para uso dos sistemas adotados. Por essas razões, requer uma política de gestão própria, que deve ter, entre outros, os objetivos de coordenar e integrar as várias ações desencadeadas pelos diversos órgãos públicos, visando promover a compatibilidade tecnológica e a padronização; racionalizar e priorizar os vultosos investimentos demandados, para evitar desperdícios; desenvolver competências para escolher, adquirir e absorver as tecnologias aplicáveis na prestação de serviços públicos, e gerir os contratos de tecnologia.

A administração pública deve aprender a desenvolver parcerias com os fornecedores de tecnologia, em busca das melhores soluções aplicáveis a seus desafios perante a sociedade. Hoje, existe um enorme mercado nessa área, que mobiliza um grande número de profissionais que inventam soluções para os mais diversos problemas existentes nas organizações. É preciso aproveitar essa enorme criatividade em benefício dos cidadãos. O setor público deve se organizar para absorver as boas ideias que surgem no mercado permanentemente. Esse desafio acarreta para a política de governo eletrônico uma preocupação constante com o monitoramento do mercado de TIC, sob pena de não incorporar a seus processos inovações capazes de melhorar a prestação de serviços aos cidadãos na velocidade que a sociedade demanda.

Numa visão mais ampla, o conceito de sistemas pode ser vantajosamente empregado para organizar a gestão pública, cujas áreas específicas comuns irão naturalmente formar sistemas singulares, ditos estruturantes: pessoal, logística, orçamento, planejamento, finanças e contabilidade, organização, e tecnologia da informação e comunicação. Embora sejam específicas e descentralizadas, essas áreas devem funcionar de forma articulada, integrada e alinhada segundo diretrizes únicas, emanadas de um centro formulador e coordenador. Trata-se de sistemas de informação corporativos de gestão, alocação de recursos e controle (gerencial e operacional) das ações da administração pública, que formam sua base de funcionamento e a estruturam.

Nesse modelo, instrumental para a eficiência, transparência e controle da utilização dos recursos públicos, cada área (sistema) é responsável por objetivos específicos. Um comitê gestor, situado no mais alto nível de governo e formado por representantes dos sistemas singulares, garante a coordenação do conjunto. A esse comitê compete estabelecer uma orientação comum para a gestão e um planejamento estratégico que programe inclusive uma evolução tecnológica harmônica, para não comprometer o padrão de qualidade da administração do governo.

Este é mais um desafio a ser superado na gestão pública brasileira atual: implantar um gerenciamento alinhado e integrado dos sistemas estruturantes. Falta a visão da importância estratégica disso. No máximo, temos cada tema organizado em um sistema de informação, mas sem alinhamento com os outros e deficiente em seu próprio gerenciamento. Organizar a administração em sistemas estruturantes integrados vai permitir que os governos transmitam à sociedade a imagem de que realmente estão comprometidos com o controle, a eficiência e a transparência na gestão dos recursos públicos — que é o que se espera de um governo.

23.

Critérios de excelência

O governo federal criou, no início dos anos 1990, o Programa Brasileiro de Qualidade e Produtividade (PBQP), que tinha por objetivo incentivar a melhoria da qualidade e da produtividade das empresas brasileiras, de forma a prepará-las para a competição internacional. O país passava, então, por um processo de abertura comercial em relação aos outros países e se previa uma acirrada competição pelos mercados interno e externo. Por meio de sua política industrial, o governo desenvolveu esse programa como forma de apoiar as empresas a superar esse desafio.

Nesse contexto, foi criada uma instituição privada, em outubro de 1991, denominada Fundação para o Prêmio Nacional da Qualidade, hoje Fundação Nacional da Qualidade, com a missão de disseminar nas empresas um conjunto de critérios que lhes permitissem avaliar a qualidade de sua gestão em comparação com um modelo de excelência. Os critérios foram desenvolvidos com base na experiência internacional, pois vários países já concediam prêmios semelhantes. A partir de então, as empresas contam com esse instrumento para aprimorar seu modelo de gestão.

Para facilitar a realização de sua missão, a Fundação criou o prêmio nacional de qualidade, com o qual reconhece anualmente as empresas que se destacam na implantação dos critérios de excelência de gestão. A criação dessa organização foi um dos maiores legados que o PBQP deixou para o país, pela relevância de sua missão e pelos resultados alcançados nessas duas décadas de existência.

O debate sobre como melhorar a qualidade e a produtividade das empresas evoluiu para a reivindicação de que o setor público também realizasse ações com esse objetivo, pois se entendeu que seu bom funcionamento é indispensável para um melhor desempenho do setor privado da economia. O governo federal criou então, em 1998, também para incentivar a melhoria de gestão, o Prêmio Nacional da Gestão Pública (PQGF), concedido anualmente às organizações públicas que alcançam uma boa avaliação de seu modelo de gestão, utilizando, como base, os critérios de excelência praticados pelo setor privado e adaptados à área pública.

A criação desse prêmio iniciou um amplo movimento no setor público, envolvendo organizações nos vários níveis de governo e em todos os poderes, para a utilização dos critérios de excelência na avaliação dos modelos de gestão pública. O movimento cresceu gradativamente, incorporando cada vez mais organizações e mobilizando um número crescente de profissionais do setor — e de fora dele — em torno do desafio de aprimorar a qualidade da gestão pública.

Ainda hoje se percebe uma importante contribuição para a mudança de comportamento na administração pública. Há um fortalecimento da cultura de valorização da gestão, comprometida com resultados de inovação e controle social, orientada para o cidadão. A disputa pelo prêmio nacional da qualidade tem sido um emulador da melhoria de gestão das organizações públicas. Além desse, outros prêmios na área de gestão foram criados em todo o país, ampliando a motivação na busca da excelência de gestão pelo setor público.

Para avaliar a gestão, foi escrito um documento que estabelece os padrões de excelência. O setor público passou a contar com um instrumento objetivo, atualizado permanentemente conforme a experiência de sua aplicação. Possibilitou-se, além da avaliação do grau de excelência do modelo de gestão das organizações públicas, a formulação de planos de melhoria com base nos resultados das análises, o que orienta o aprimoramento do modelo de gestão das organizações que o utilizam.

Os fundamentos desse modelo de excelência em gestão pública foram definidos pelo Programa Nacional de Gestão Pública e Desburocratização (GesPública), assim descrito:

> O Modelo de Excelência em Gestão Pública foi concebido a partir da premissa segundo a qual é preciso ser excelente sem deixar de ser público. Esse Modelo, portanto, deve estar alicerçado em fundamentos próprios da gestão de excelência contemporânea e condicionado aos princípios constitucionais próprios da natureza pública das organizações. Esses fundamentos e princípios constitucionais, juntos, definem o que se entende hoje por excelência em gestão pública, são eles:
>
> PENSAMENTO SISTÊMICO. Entendimento das relações de interdependência entre os diversos componentes de uma organização, bem como entre a organização e o ambiente externo, com foco na sociedade.
>
> APRENDIZADO ORGANIZACIONAL. Busca contínua e alcance de novos patamares de conhecimento, individuais e coletivos, por meio da percepção, reflexão, avaliação e compartilhamento de informações e experiências.
>
> CULTURA DA INOVAÇÃO. Promoção de um ambiente favorável à criatividade, à experimentação e à implementação de novas ideias que possam gerar um diferencial para a atuação da organização.

LIDERANÇA E CONSTÂNCIA DE PROPÓSITOS. A liderança é o elemento promotor da gestão, responsável pela orientação, estímulo e comprometimento para o alcance e melhoria dos resultados organizacionais e deve atuar de forma aberta, democrática, inspiradora e motivadora das pessoas, visando ao desenvolvimento da cultura da excelência, à promoção de relações de qualidade e à proteção do interesse público. É exercida pela alta administração, entendida como o mais alto nível gerencial e assessoria da organização.

ORIENTAÇÃO POR PROCESSOS E INFORMAÇÕES. Compreensão e segmentação do conjunto das atividades e processos da organização que agreguem valor para as partes interessadas, sendo que a tomada de decisões e a execução de ações devem ter como base a medição e análise do desempenho, levando-se em consideração as informações disponíveis.

VISÃO DE FUTURO. Indica o rumo de uma organização e a constância de propósitos que a mantém nesse rumo. Está diretamente relacionada à capacidade de estabelecer um estado futuro desejado que dê coerência ao processo decisório e que permita à organização antecipar-se às necessidades e expectativas dos cidadãos e da sociedade. Inclui, também, a compreensão dos fatores externos que afetam a organização com o objetivo de gerenciar seu impacto na sociedade.

GERAÇÃO DE VALOR. Alcance de resultados consistentes, assegurando o aumento de valor tangível e intangível de forma sustentada para todas as partes interessadas.

COMPROMETIMENTO COM AS PESSOAS. Estabelecimento de relações com as pessoas, criando condições de melhoria da qualidade nas relações de trabalho, para que elas se realizem profissional e humanamente, maximizando seu desempenho por meio do comprometimento, de oportunidade para desenvolver competências e de empreender, com incentivo e reconhecimento.

FOCO NO CIDADÃO E NA SOCIEDADE. Direcionamento das ações públicas para atender, regular e continuamente, as necessidades dos cidadãos e da sociedade, na condição de sujeitos de direitos, beneficiários dos serviços públicos e destinatários da ação decorrente do poder de Estado exercido pelas organizações públicas.

DESENVOLVIMENTO DE PARCERIAS. Desenvolvimento de atividades conjuntamente com outras organizações com objetivos específicos comuns, buscando o pleno uso das suas competências complementares para desenvolver sinergias.

RESPONSABILIDADE SOCIAL. Atuação voltada para assegurar às pessoas a condição de cidadania com garantia de acesso aos bens e serviços essenciais, e ao mesmo tempo tendo também como um dos princípios gerenciais a preservação da biodiversidade e dos ecossistemas naturais, potencializando a capacidade das gerações futuras de atender suas próprias necessidades.

CONTROLE SOCIAL. Atuação que se define pela participação das partes interessadas no planejamento, acompanhamento e avaliação das atividades da Administração Pública e na execução das políticas e dos programas públicos.

GESTÃO PARTICIPATIVA. Estilo de gestão que determina uma atitude gerencial da alta administração que busque o máximo de cooperação das pessoas, reconhecendo a capacidade e o potencial diferenciado de cada um e harmonizando os interesses individuais e coletivos, a fim de conseguir a sinergia das equipes de trabalho.

O GesPública definiu, também, oito critérios para avaliar a gestão das organizações públicas, que foram agrupados em quatro blocos, conforme descrito a seguir:

O primeiro bloco — Liderança, Estratégias e Planos, Cidadãos e Sociedade — pode ser denominado de *planejamento*. Por meio da liderança forte da alta administração, que focaliza as necessidades dos cidadãos-usuários, os serviços, os produtos e os processos são planejados conforme os recursos disponíveis, para melhor atender esse conjunto de necessidades.

O segundo bloco — Pessoas e Processos — representa a *execução* do planejamento. Nesse espaço, concretizam-se as ações que transformam objetivos e metas em resultados. São as pessoas, capacitadas e motivadas, que operam esses processos e fazem com que cada um deles produza os resultados esperados.

O terceiro bloco — Resultados — representa o *controle*, pois serve para acompanhar o atendimento à satisfação dos destinatários dos serviços e da ação do Estado, o orçamento e as finanças, a gestão das pessoas, a gestão de suprimento e das parcerias institucionais, bem como o desempenho dos serviços/produtos e dos processos organizacionais.

O quarto bloco — Informações e Conhecimento — representa a *inteligência da organização*. Nesse bloco, são processados e avaliados os dados e os fatos da organização (internos) e aqueles provenientes do ambiente (externos), que não estão sob seu controle direto, mas, de alguma forma, influenciam seu desempenho. Esse bloco dá à organização a capacidade de corrigir ou melhorar suas práticas de gestão e, consequentemente, seu desempenho.

O Ministério do Planejamento e Gestão passou a desempenhar um importante papel de referência na disseminação de conhecimento sobre gestão pública para todo o país, com base na experiência acumulada na aplicação dos critérios de excelência, na avaliação das organizações públicas e nos sucessivos ciclos de premiação. A produção de material informativo sobre como entender e utilizar os critérios de excelência, e sua divulgação para todo o país, cumpre um importante papel mobilizador das organizações públicas e de seus servidores. É, portanto, modelo para uma gestão de qualidade, além de ser um dos responsáveis pela introdução, no setor público, de uma cultura de gestão baseada em padrões de excelência.

24.

O processo de mudança

A viabilidade de ocorrerem mudanças na gestão pública é uma grande questão que mobiliza muitos interessados, dentro e fora da área. As opiniões se dividem. Há quem acredite na possibilidade de mudança e se mobilize para isso, e há também os descrentes — seja por já terem participado de processos anteriores frustrados, o que é desmotivador, seja por entenderem que não existe interesse na mudança, nem por parte da sociedade nem por parte da administração pública. Afinal, é possível, ou não, ocorrerem mudanças na gestão pública que melhorem a qualidade da prestação de serviços à população?

O pressuposto é que transformações são possíveis, mas a viabilidade de um processo de mudança depende de algumas condições. E, quando essas condições estão presentes, simultaneamente, temos um vigoroso processo de evolução da gestão pública.

Para iniciar o processo, o desafio é pôr em funcionamento o que chamo de "motor da mudança". Como a modernização da gestão pública é um processo contínuo, ele necessita de uma "fonte de energia" que tenha a função de impulsioná-lo de forma permanente. Esse "motor" é composto por três elementos que devem funcionar concomitantemente para que tenhamos os melhores e mais rápidos resultados no desenvolvimento da qualidade dos serviços. Os componentes desse "motor" são a sociedade organizada, cobrando serviços públicos de qualidade; os servidores e as organizações públicas interessados na produção de resultados para a sociedade; e os governos comprometidos com a modernização da gestão pública. Uma boa política pública de gestão deve estabelecer orientações que ativem esse "motor" em suas três dimensões para termos um processo permanente de aprimoramento da prestação de serviços públicos.

As exigências dos consumidores funcionam como um elemento de pressão para o bom funcionamento da iniciativa privada; já o setor público depende da pressão social. Por isso, a qualidade da gestão pública dependerá, fundamentalmente, do grau de organização da sociedade e de sua cobrança por resultados. As políticas públicas de gestão, por sua vez, devem fortalecer a organização da sociedade e incentivá-la a participar de sua formulação e seu acompanhamento, assim como promover a transparência do processo decisório e dos atos de gestão, permitindo que a população exerça o controle social da administração pública.

Paralelamente, é preciso interessar os servidores e as instituições públicas na prestação de serviços de qualidade, o que pode ser conseguido com uma política de incentivos que os comprometam com resultados. Quanto melhor a prestação de serviços, maiores os benefícios para os servidores e as organizações públicas. Para a mobilização e o comprometimento dos servidores, também é necessário promover um revigoramento da cultura cívica em relação à função social do setor público e à sua importância para a sociedade.

Além desses aspectos, a política de gestão deve incentivar a participação dos servidores no diagnóstico e na formulação do plano de mudança da administração pública, uma vez que serão eles os responsáveis por sua implementação. A ampla circulação de informações sobre o processo de mudança, a transparência na gestão do plano, a postura de respeito do governo na relação com os servidores e a capacitação destes, com ênfase em aspectos comportamentais, são elementos importantes para a motivação e a adesão à melhoria da gestão pública. Não há possibilidade de mudanças na gestão pública sem que os servidores estejam de acordo, daí a necessidade de desenvolver ações para conquistar o apoio ao projeto de modernização da gestão pública.

O compromisso dos governos com a política de modernização da administração pública é condição necessária para seu desenvolvimento. Essa política, por envolver toda a gestão pública, só pode ser implantada se for uma política de governo. A liderança governamental é, portanto, seu principal elemento impulsionador. Ao mesmo tempo, uma política desse tipo passa a ser uma referência importante para mobilizar e fortalecer o discurso e a prática dos gestores da administração pública interessados nessa modernização. Ela permite que apareçam muitas lideranças comprometidas com o projeto, o que amplia as bases de sustentação e ajuda no trabalho de convencimento dos servidores a aderirem. Por outro lado, não há como mobilizar os servidores públicos se o discurso da modernização não encontrar respaldo nas políticas públicas de gestão. O discurso do gestor comprometido com a modernização da gestão, respaldado em uma política geral, ganha mais consistência e coerência, o que facilita seu trabalho de mobilizar os servidores.

O projeto de modernização da administração pública precisará descentralizar os processos administrativos e aumentar a discricionariedade gerencial, o que provocará uma tensão entre os gestores dos meios e do controle e os da área de execução. Por isso, se não houver uma firme liderança governamental que sustente a transformação, ela dificilmente avançará, pois esse conflito é capaz de paralisar todo o processo. Os gestores das áreas-meio e de controle perderão poder e, em consequência, reagirão ao projeto.

O discurso de reação é sempre o mesmo: perda de controle do setor público e falta de recursos financeiros. São argumentos razoáveis, fortes, poderosos, e que, dentro do setor público, convencem com facilidade. Quem quer ficar com a pecha de defender o "descontrole e a gastança desenfreada"? A crítica à inovação, infelizmente, tem sempre repercussão no setor público. A mudança incomoda. Então, é mais fácil, para quem não quer inovar, deixar tudo como está, até porque mesmo os comprometidos com a inovação não têm certeza de que irão alcançar sucesso em seus projetos, e sempre haverá quem, na primeira dificuldade, dirá: "Eu não disse que ia dar errado?". Em um quadro político como esse, se não houver um apoio decisivo da alta liderança do governo, não se implementarão projetos de modernização na gestão pública.

A existência de uma política de reforma da gestão pública dará visibilidade, junto à sociedade, às ações empreendidas pelo governo no rumo da modernização. Como a população espera ações para melhorar a qualidade do serviço público, esse projeto servirá também como um fator de aglutinação da opinião pública favorável a tais mudanças, tendo como consequência o fortalecimento dessa política e o aumento da legitimidade dos governos.

O compromisso do governo com a mudança implica usar sua capacidade de liderança na condução de todo o processo — na articulação política interna e externa ao setor público, na sustentação da transformação, na formulação do projeto de modernização, na sensibilidade quanto às demandas da sociedade e na habilidade de mobilizar dirigentes e servidores em apoio ao projeto. E também na capacidade gerencial de implementar decisões e consolidar o projeto de forma que não perca a continuidade em trocas de governo.

Além dessas condições, é importante que a mudança parta de um conjunto de conceitos e de um diagnóstico que a oriente estrategicamente. Essa referência conceitual é fundamental para nortear as ações práticas, mas também deve evoluir a partir da experiência concreta. Em processos como esse, de complexidade e amplitude política, econômica e social, a referência conceitual estabelece o rumo estratégico a seguir. Não é preciso estar muito detalhada, porque a heterogeneidade da gestão pública requer uma aplicação diferenciada dos conceitos a partir da realidade dos vários órgãos envolvidos, em uma "engenharia" que se dá na evolução dos distintos processos específicos que surgirão durante a implantação da modernização da gestão.

Os conceitos mais importantes, atualmente, para promover a melhoria da qualidade dos serviços prestados à população são: avançar na profissionalização da gestão, com base no mérito e na inovação; aprimorar o controle social e a transparência; implantar a gestão por resultados (de eficiência, eficácia e efetividade); ampliar a parceria com as organizações da sociedade civil; estabelecer o governo eletrônico; estender a descentralização da União em direção aos estados e municípios e dos estados em direção aos municípios; e orientar o modelo de gestão com base nos critérios de excelência do Prêmio Nacional da Qualidade, do Ministério do Planejamento.

O modelo de gestão governamental deve propiciar uma boa coordenação do governo, o alinhamento de todas as estruturas governamentais com as prioridades e a integração dos órgãos públicos, conforme o modelo proposto por Humberto Martins e Caio Marini em *Um guia de governança para resultados na administração pública*. O diagnóstico sobre a situação atual em que se encontra a gestão pública deve tomar esses conceitos como referência e orientar a formulação do plano de modernização.

CONCLUSÃO

Com este texto pretende-se contribuir para o debate acerca da política pública de gestão, necessária para orientar a prestação de serviços do setor público à população com qualidade, mantendo o foco no desenvolvimento econômico e nos grupos mais pobres e necessitados da sociedade, uma vez que o Estado é o mais importante instrumento de que se dispõe para promover a igualdade de oportunidades entre todos os cidadãos.

As diferenças porventura existentes, por questões sociais, econômicas, de gênero, raciais, físicas ou por qualquer outro motivo que comprometa ou impeça cidadãos de determinado grupo social de conquistar melhorias em suas condições de vida, precisam ser levadas em conta na formulação e na implantação de políticas públicas, de forma a garantir a igualdade de oportunidades. A facilidade de ascensão social para certos grupos deve ser contrabalançada por políticas públicas que garantam as mesmas possibilidades de ascensão para todos os cidadãos.

O Estado enfrenta hoje uma crise de legitimidade baseada em dois pontos principais: os desvios de recursos públicos de suas finalidades e a má qualidade na prestação de serviços à população. É evidente que temos exemplos contrários, positivos, nos dois pontos, mas os erros ganham uma divulgação muito maior do que os bons exemplos. Atualmente prevalece na opinião pública, se ela se valer somente de informações da mídia, que temos um setor público totalmente comprometido no que diz respeito a esses pontos principais.

Como consequência da perda de legitimidade, a sociedade passa a ver o Estado não como um instrumento para melhorar suas condições de vida, mas à disposição de interesses particulares, de espertalhões de toda espécie, incluindo alguns políticos e servidores públicos. A população deve enxergar no Estado um instrumento para a solução de seus problemas do dia a dia. Se achar que o Estado e suas instituições não promovem a igualdade de oportunidades, tende a não respeitá-lo, a não legitimá-lo, e agir por conta própria. É o salve-se quem puder. É o cada um por si. Por isso, recuperar a credibilidade e a legitimidade do Estado e de suas instituições é fundamental para a convivência democrática em sociedade e a valorização da própria democracia.

Portanto, entendemos que a reforma da gestão pública deve fazer parte da agenda de reformas democráticas no Brasil, mas, infelizmente, ela não está na agenda prioritária do país. O poder político tem reagido pontualmente, em cima de erros transformados em escândalos pela mídia: caso da tapioca, aparelhamento partidário dos governos, nepotismo no Congresso e nos governos, anões do orçamento, passagens aéreas para o Congresso etc.

Em função desse contexto, a boa gestão pública pressupõe competência dos gestores públicos no entendimento dos aspectos técnicos e políticos. É preciso que eles compreendam que há uma disputa na sociedade para direcionar as políticas públicas e, em consequência, a aplicação dos recursos públicos segundo os mais variados interesses, condicionando o padrão de qualidade da gestão. Ou seja, ter uma gestão pública comprometida com eficiência na aplicação de recursos, transparência, qualidade e equidade no atendimento do cidadão pressupõe apoio político da sociedade. Por isso, para bem gerir o setor público, produzir os resultados esperados e avançar no processo de modernização de sua gestão, é preciso que o gestor público entenda a relação de dependência entre o apoio político da sociedade e a implantação de padrões republicanos na gestão pública. Um erro de avaliação política do gestor pode comprometer todo o processo de modernização da administração pública em andamento ou impedir seu início.

Chamar a atenção para o ambiente político que envolve a administração pública e a importância de considerá-lo nas estratégias de modernização da gestão foi um dos objetivos mais importantes deste livro. Procurou-se, também, expor alguns dos principais conceitos considerados relevantes na reorganização da administração pública.

Em síntese, entendemos que há dois grandes eixos de reflexão para pensar essa modernização: a relação com a classe política, que precisa ser disciplinada no sentido da profissionalização, e a relação com a sociedade, que deve ser reformulada para aumentar o comprometimento com resultados e ampliar a participação e a transparência, permitindo o controle da administração pública pela sociedade.

Por fim, registre-se que os governos, em todos os níveis, têm implementado processos de modernização da gestão pública com relativo sucesso. Sobretudo a partir de 1995, com o impulso dado pela disseminação dos conceitos contidos no plano diretor da reforma do aparelho de Estado, formulado pelo governo federal, contribuíram efetivamente nessa tarefa de todos nós, que é fazer prevalecer o interesse da população nas políticas públicas. Ainda temos uma longa estrada a percorrer. No entanto, esse conjunto de experiências, em algumas das quais tive a oportunidade de participar, contribuiu decisivamente para as teses expostas neste livro.

BIBLIOGRAFIA

ABRUCIO, Fernando. *Os barões da Federação*: os governadores e a redemocratização brasileira. São Paulo: Hucitec, 1998.

ALECIAN, Serge; FOUCHER, Dominique. *Guia de gerenciamento no setor público*. Rio de Janeiro: Revan; Brasília: Enap, 2001.

AXT, Gunter; SCHULER, Fernando Luís (Org.). *Intérpretes do Brasil*. Porto Alegre: Artes e Ofícios, 2004.

BARBOSA, Lívia. *O jeitinho brasileiro*. Rio de Janeiro: Elsevier, 1992.

____. *Igualdade e meritocracia*: a ética do desempenho nas sociedades modernas. Rio de Janeiro: FGV, 1999.

BENTO, Leonardo Valles. *Governança e governabilidade na reforma do Estado*: entre eficiência e democratização. Barueri: Manole, 2003.

BERNARDINHO. *Transformando suor em ouro*. Rio de Janeiro: Sextante, 2006.

BOBBIO, Norberto. *Estado, governo, sociedade*: por uma teoria geral da política. Rio de Janeiro: Paz e Terra, 1987.

____. *Direita e esquerda*: razões e significados de uma distinção política. São Paulo: Unesp, 1995.

BOTELHO, André; SCHWARCZ, Lílian Moritz (Org.). *Um enigma chamado Brasil*: 29 intérpretes e um país. São Paulo: Companhia das Letras, 2009.

BRESSER-PEREIRA, Luiz Carlos; SPINK, Peter Kevin (Org.). *Reforma do Estado e administração pública gerencial*. Rio de Janeiro: FGV, 1998a.

____. *Reforma do Estado para a cidadania*: a reforma gerencial brasileira na perspectiva internacional. São Paulo: Ed. 34; Brasília: Enap, 1998b.

_____. *Construindo o Estado republicano*: democracia e reforma da gestão pública. Rio de Janeiro: FGV, 2009.

_____; CUNILL GRAU, Nuria (Coord.). *Responsabilização na administração pública*. São Paulo: Clad; Fundap, 2006.

_____; WILHEIM, Jorge; SOLA, Lourdes. *Sociedade e Estado em transformação*. São Paulo: Unesp; Brasília: Enap, 1999.

CARVALHO, José Murilo de. *A construção da ordem*: a elite política imperial / Teatro de sombras: a política imperial. Rio de Janeiro: UFRJ; Relume Dumará, 1996.

_____. *Pontos e bordados*: escritos de história e política. Belo Horizonte: UFMG, 1998.

_____. *Bernardo Pereira de Vasconcelos*. São Paulo: Ed. 34, 1999.

_____. *Cidadania no Brasil*: o longo caminho. Rio de Janeiro: Civilização Brasileira, 2001.

_____. *Visconde de Uruguai*. São Paulo: Ed. 34, 2002.

CAULLIRAUX, Heitor; YUKI, Mauro (Org.). *Gestão pública e reforma administrativa*: conceitos e casos, a experiência de Florianópolis. Rio de Janeiro: Lucerna, 2004.

CONSAD (Conselho Nacional de Secretários de Estado de Administração). *Avanços e perspectivas da gestão pública nos estados*. Rio de Janeiro: Qualitymark, 2008.

COSER, Ivo. *Visconde de Uruguai*: centralização e federalismo no Brasil, 1823-1866. Belo Horizonte: UFMG; Rio de Janeiro: Iuperj, 2008.

COSTA, Vanda Maria Ribeiro. *A armadilha do Leviatã*: a construção do corporativismo no Brasil. Rio de Janeiro: Eduerj, 1999.

COUTINHO, Carlos Nelson. *A democracia como valor universal e outros ensaios*. Rio de Janeiro: Salamandra, 1984.

CRESPIGNY, Anthony de; CRONIN, Jeremy (Org.). *Ideologias políticas*. Brasília: UnB, 1999.

CUNILL GRAU, Nuria. *Repensando o público através da sociedade*: novas formas de gestão pública e representação social. Rio de Janeiro: Revan; Brasília: Enap, 1998.

DAMATTA, Roberto. *O que faz o brasil, Brasil?*. Rio de Janeiro: Rocco, 1986.

DOLHNIKOFF, Miriam. *O pacto imperial*: origens do federalismo no Brasil do século XIX. São Paulo: Globo, 2005.

DOMINGUEZ PEREZ, Mauricio. *Lacerda na Guanabara*: a reconstrução do Rio de Janeiro nos anos 1960. Rio de Janeiro: Odisseia Editorial, 2007.

DROR, Yehezkel. *A capacidade de governar*: informe ao clube de Roma. São Paulo: Fundap, 1999.

DRUCKER, Peter F. *Drucker*: "o homem que inventou a administração": Business Week. Rio de Janeiro: Elsevier, 2006.

EVELYN, Levy; DRAGO, Pedro Anibal (Org.). *Gestão pública no Brasil contemporâneo*. São Paulo: Fundap, 2005.

FERREIRA, Gabriela Nunes. *Centralização e descentralização no império*: o debate entre Tavares Bastos e Visconde de Uruguai. São Paulo: Ed. 34, 1999.

GEUS, Arie de. *A empresa viva*: como as organizações podem aprender a prosperar e se perpetuar. Rio de Janeiro: Campus, 1998.

GIAMBIAGI, Fabio. *Brasil, raízes do atraso*: paternalismo × produtividade. Colaboração de Marcelo Nonnenberg. Rio de Janeiro: Elsevier, 2007.

GIDDENS, Anthony. *Para além da esquerda e da direita*: o futuro da política radical. São Paulo: Unesp, 1996.

_____. *A terceira via*: reflexões sobre o impasse político atual e o futuro da social-democracia. Rio de Janeiro: Record, 1999.

_____. *Mundo em descontrole*. Rio de Janeiro: Record, 2000.

_____. *A terceira via e seus críticos*. Rio de Janeiro: Record, 2001.

GRUPPI, Luciano. *Tudo começou com Maquiavel*: as concepções de Estado em Marx, Engels, Lênin e Gramsci. Porto Alegre: L&PM, 1980.

HOBSBAWM, Eric J. *Nações e nacionalismo desde 1780*: programa, mito e realidade. Rio de Janeiro: Paz e Terra, 1990.

HOLANDA, Sergio Buarque de. *Raízes do Brasil*. Rio de Janeiro: José Olympio, 1978.

HOLLANDA, Cristina Buarque de. *Modos de representação política*: o experimento da Primeira República brasileira. Belo Horizonte: UFMG; Rio de Janeiro: Iuperj, 2009.

HUERTAS, Franco. *O método PES*: entrevista com Matus. São Paulo: Fundap, 1996.

HUNTER, James C. *O monge e o executivo*. Rio de Janeiro: Sextante, 2004.

JOHANSSON, Frans. *O efeito Medici*. Rio de Janeiro: Best Seller, 2008.

KURKE, Lance B. *A sabedoria de Alexandre, o Grande*: lições de vida e liderança para o mundo de hoje. Rio de Janeiro: Relume Dumará, 2005.

LIMA, Paulo Daniel Barreto. *Excelência em gestão pública*: a trajetória e a estratégia do GesPública. Rio de Janeiro: Qualitymark, 2007.

LONGO, Francisco. *Mérito e flexibilidade*: a gestão de pessoas no setor público. São Paulo: Fundap, 2007.

LOPEZ, Adriana; MOTA, Carlos Guilherme. *História do Brasil*: uma interpretação. São Paulo: Senac, 2008.

LOSADA I MARRODÁN, Carlos (Org.). *De burocratas a gerentes?* As ciências da gestão aplicadas na administração do Estado. Vitória: Esesp, 2009.

MARTINS, Humberto Falcão; MARINI, Caio. *Um guia de governança para resultados na administração pública.* Brasília: Publix, 2010.

MARTINS, Maria Fernanda Vieira. *A velha arte de governar*: um estudo sobre política e elites a partir do Conselho de Estado (1842-1889). Rio de Janeiro: Arquivo Nacional, 2007.

MATIAS-PEREIRA, José. *Curso de administração pública*: foco nas instituições e ações governamentais. São Paulo: Atlas, 2008.

MATUS, Carlos. *Adeus, senhor presidente*: planejamento, antiplanejamento e governo. Recife: Litteris, 1989.

____. *O líder sem estado-maior.* São Paulo: Fundap, 2000.

MELO, André Marcus (Org.). *Reforma do Estado e mudança institucional no Brasil.* Recife: Massangana, 1999.

MENDES, Marcos (Org.). *Gasto público eficiente*: 91 propostas para o desenvolvimento do Brasil. Rio de Janeiro: Topbooks, 2006.

MOORE, Mark Harrison. *Criando valor público*: gestão estratégica no governo. Rio de Janeiro: Uniletras; Brasília: Enap, 2002.

MORRIS, Christopher W. *Um ensaio sobre o Estado moderno.* São Paulo: Landy, 2005.

MOTA, Lourenço Dantas (Org.). *Introdução ao Brasil*: um banquete no trópico. São Paulo: Senac, 2008; 2002. v. 1; v. 2.

NOGUEIRA, Marco Aurélio. *As possibilidades da política*: ideias para a reforma democrática do Estado. São Paulo: Paz e Terra, 1998.

____. *Em defesa da política.* São Paulo: Senac, 2004.

____. *Um Estado para a sociedade civil*: temas éticos e políticos da gestão democrática. São Paulo: Cortez, 2005.

_____. *Potência, limites e seduções do poder*. São Paulo: Unesp, 2008.

_____. *O encontro de Joaquim Nabuco com a política*: as desventuras do liberalismo. São Paulo: Paz e Terra, 2010.

NUNES, Edson. *A gramática política no Brasil*: clientelismo e insulamento burocrático. Rio de Janeiro: Zahar; Brasília: Enap, 2003.

PAULA, Ana Paula Paes de. *Por uma nova gestão pública*: limites e potencialidades da experiência contemporânea. Rio de Janeiro: FGV, 2005.

PETRUCCI, Vera; SCHWARZ, Letícia (Org.). *Administração pública gerencial*: a reforma de 1995: ensaios sobre a reforma administrativa brasileira no limiar do século XXI. Brasília: UnB; Enap, 1999.

PHILLIPS, Donald T. *Liderança segundo Abraão Lincoln*: estratégias para tempos de crise. São Paulo: Landscape, 2007.

PINHEIRO, Armando Castelar; GIAMBIAGI, Fabio. *Rompendo o marasmo*: a retomada do desenvolvimento no Brasil. Colaboração de Sergio Guimarães Ferreira e Fernando Veloso. Rio de Janeiro: Elsevier, 2006.

PRADO, Maria Emilia (Org.). *O Estado como vocação*: ideias e práticas políticas no Brasil oitocentista. Rio de Janeiro: Access, 1999.

_____. *Memorial das desigualdades*: os impasses da cidadania no Brasil (1870-1902). Rio de Janeiro: Revan, 2005.

REZENDE, Flavio da Cunha. *Por que falham as reformas administrativas?* Rio de Janeiro: FGV, 2004.

RICUPERO, Bernardo. *Sete lições sobre as interpretações do Brasil*. São Paulo: Alameda, 2008.

SILVA, Ana Rosa Cloclet da. *Construção da nação e escravidão no pensamento de José Bonifácio*: 1783-1823. Campinas: Unicamp, 1999.

SILVA, Antonio Carlos Teixeira da. *Inovação*: como criar ideias que geram resultados. Rio de Janeiro: Qualitymark, 2003.

STIGLITZ, Joseph E. *A globalização e seus malefícios*. São Paulo: Futura, 2002.

TENÓRIO, Fernando Guilherme. *Flexibilização organizacional*: mito ou realidade? Rio de Janeiro: FGV, 2002.

TROSE, Sylvie. *Gestão pública por resultados*: quando o Estado se compromete. Rio de Janeiro: Revan; Brasília: Enap, 2001.

URANI, André; GIAMBIAGI, Fabio; REIS, José Guilherme. *Reformas no Brasil*: balanço e agenda. Rio de Janeiro: Nova Fronteira, 2004.

URICOECHEA, Fernando. *O minotauro imperial*: a burocratização do Estado patrimonial brasileiro no século XIX. Rio de Janeiro: Difel, [s.d.].

VIANNA, Luiz Werneck. *A revolução passiva*: iberismo e americanismo no Brasil. Rio de Janeiro: Revan, 2004.

WEBER, Max. *Ciência e política*: duas vocações. São Paulo: Martin Claret, 2003.

_____. *A ética protestante e o "espírito" do capitalismo*. São Paulo: Companhia das Letras, 2004.

WEFFORT, Francisco C. *Formação do pensamento político brasileiro*: ideias e personagens. São Paulo: Ática, 2006.

WELCH, Jack; WELCH, Suzi. *Paixão por vencer*. Rio de Janeiro: Elsevier, 2005.